「頭のゴミ」を捨てれば、脳は一瞬で目覚める！

煩惱斷捨離

苫米地英人——著

前言
開始幫腦袋大掃除吧！

從「腦內垃圾」衍生出的煩惱有百百種。

「腦袋總是浮出亂七八糟的想法，心情總是好不起來。這種鬱悶的狀態已經持續好幾年了。」

「在工作、讀書等必須專心的時候一下就分心，無法集中精神，好想消除腦中的雜念啊！」

「對事情進行邏輯梳理時，腦袋總在中途打結，沒辦法思考到最後。是我太笨了嗎？」

「我有一個非常討厭的人，關於他的記憶占據著腦中一隅，使怒氣久久未消。」

「腦袋裡好像一直壓著一顆大石頭，該怎麼做才能讓大腦恢復清爽呢？」

除此之外，還有「腦袋裡總有一根惱人的刺」、「不論是醒著還是睡著的時候，大腦常常感到緊繃」等等，煩惱的種類五花八門。

「好想清空『腦內垃圾』，用一顆一塵不染、乾淨清爽的頭腦過生活。」這應該是拾起本書的各位之共同心願吧？

因此，本書整理歸納了幾個方法，幫助各位根除「腦內垃圾」，帶著一顆清醒的頭腦活下去。

雖然對本已感到很心煩的你有點抱歉，在進入正題之前，請必須先麻煩你回答以下問題：

Q1 為什麼你的大腦總是覺得很煩、很焦慮呢？

A. 因為人際關係不順。

B. 因為工作很辛苦，總是無償替公司加班。

C. 因為在工作或生活上有許多煩惱。

D. 其他。

Q2

為什麼你在思考很重要或很複雜的事情時，會在思索途中陷入混亂，並出現想放棄思考的念頭呢？

A. 因為缺乏邏輯思考能力。

B. 因為IQ太低。

C. 因為睡眠不足。

D. 其他。

Q3

為什麼明明想專心工作或讀書，卻無法集中精神，才剛開始沒多久就想放棄呢？

A. 因為缺乏毅力。

B. 因為意志力薄弱。

C. 因為不擅長在書桌前久坐。

D. 其他。

我想答案應該因人而異。

但是從Q1到Q3，「真正正確的答案」都是「D」；不管是哪一題，**害你的腦袋被烏雲籠罩的罪魁禍首，其實都是「D. 其他」。**

你可能會想：「你又不知道我的問題是什麼，怎麼會懂！」但是，在讀完本書之後，應該就能理解我為何如此斷言。

只要閱讀本書，清空腦袋裡的垃圾，就算上司很蠢、薪水很低，你也不會再為此煩心，即使睡眠不足也能保持清晰的思考迴路，專心工作或讀書。

我把醜話說在前面。把頭腦不清不楚的狀態視為理所當然的人，請你們特別要有危機意識。

例如——

・經常覺得思緒模糊不清、亂成一團的人。

・必須讓身心保持緊繃才能集中精神工作或唸書的人。

・不用喝咖啡、抽菸或化全妝等方式提神就無法專心的人。

簡單來說，這些就是為了消除煩惱、保持專注，必須繃緊神經，逼自己進入某種特殊狀態的人。

這些人的腦袋裡堆滿了不需要的垃圾。愈是這樣，我愈希望你們能閱讀本書。

真正的專注是放鬆的、是安靜的。不用特別努力、緊張兮兮或大喝一聲鼓舞自己，也能自然進入狀態，在工作上進展神速，唸書時一目十行。這才是真正的專注。

降低你的集中力、思考力、生產力及人生充實感的元凶是「腦袋裡的垃圾」。

丟掉這些垃圾，你才能全心投入工作、讀書或興趣之中，擁有清晰的思路，進而湧現之前想不到的好點子。

讓我們開始幫腦袋大掃除吧！

前言

開始幫腦袋大掃除吧！

掃除二

掃除三
想改變卻無法改變……丟掉「過去的自己」

掃除四
對自己沒有自信……丟掉「負面的自我印象」……097

掃除七

我好怕失敗……丟掉「恐懼」……167

掃除八
丟掉「邏輯的桎梏」，獲得「靈感腦」

掃除一

焦慮、憤怒、嫉妒……
丟掉降低生產力的「情緒垃圾」

”

我只要犯了一點小錯就會慌了手腳，陷在低落的情緒裡走不出來。一旦有預料外的事情發生，一整天都會非常恐慌。

每到星期天下午就會想到明天又得工作而陷入憂鬱，平日則會想趕快處理完工作早點回家。就這樣渾渾噩噩地過一輩子真的好嗎……？

被合不來的同事挖苦，氣死我了。

這三個煩惱乍看之下互不相干。
但其實都源自於同一種「腦內垃圾」。

◎不需要「提神開關」

這件事情是我從某位出版社的編輯聽來的。聽說他的部門裡有位男同事，一天要刷好幾次牙。

每當他在工作中覺得注意力下降、想睡覺、思緒不集中或不開心時，他就會走進廁所，花五分鐘左右刷牙，據說這樣可以醒腦，重新打起精神繼續工作。多的時候會以每個小時刷一次的頻率，一天刷十次左右。

對他來說，刷牙就像是在感到煩躁或鬆懈時，重新打開「工作開關」的「儀式」。即使因為不如意的事情而心情沮喪，他只要刷牙就能重拾步調。他自己設定了「刷牙」這個「提神開關」。

「這個方法真不錯，我也來試試看在公司刷牙好了。」

你是不是這麼想呢？

千萬不行啊！

因為就算靠刷牙暫時提神，過了一、兩個小時之後，腦袋再次罷工，這樣一來，你一定又會再去刷牙吧？

精神鬆懈↓刷牙↓思緒混亂↓刷牙。

也就是永遠被困在這個循環裡。腦袋裡的垃圾積了又掃、掃了又積，這只不過是不斷重複這種過程的暫時性療程。

真正需要的是從根本解決問題的對應治療，是將腦袋裡的垃圾斬草除根的方法。

丟掉腦袋裡的垃圾，你就再也不需要具有強制性的「提神開關」。

◎情緒化的人，大腦和猴子、猩猩同等級

你是否有過這樣的經驗？

你待會要向非常想獲得合作機會的客戶進行簡報，卻在出發前，被互看不順眼的公司同事挖苦，害你頓時喪失鬥志。到了車站，搭車坐過站讓你嚇出一身冷汗，又因為不知道

怎麼走到客戶公司而手足無措。這時，你的手機響了。你接起電話，發現是部下打來商量一件無關緊要的事，你為此大發雷霆。或許是因為前面的負面情緒造成了不好的影響，最重要的簡報最後被你搞砸了……

人會受到**情緒**的強力支配。

遇到不順心的事會火冒三丈，遇到不合理的事會備感挫折，思考和行動都受到情緒左右。即使心裡明白「不能感情用事，必須保持冷靜」，大多數人還是無法完全控制被情緒起伏打亂的思考和行動。

為什麼我們會被情緒支配呢？

原因之一藏在大腦的進化史。負責掌管情緒的，是大腦邊緣系統當中，一個叫作「杏仁核」（又名「扁桃體」）的地方。

說起來，包含杏仁核的邊緣系統是比較舊的大腦。掌管邏輯思考和理性的則是稱為「前額葉皮質」的部位，它比包含杏仁核的邊緣系統更晚形成。杏仁核掌管著維持生命所需的必要情緒，出自本能的恐懼、厭惡或悲傷等皆屬之。

世界上分成可以在某種程度上控制這些情緒的人，以及很容易被情緒控制的人。受制於情緒的人，支配他們的不是掌管邏輯思考的新腦（前額葉皮質），而是**掌管情緒的舊腦（杏仁核）**，所以較為原始；**就演化程度來看，他們比較接近猩猩和猴子。**

◎別沉浸在情緒之中

被情緒支配的狀態稱為「沉浸在情緒之中」。失戀的人沉浸在失去愛情的傷痛裡，失敗的人沉浸在受挫的情緒裡。

其實，「沉浸在情緒之中」對你一點意義也沒有。

因為情緒只不過是隨著環境變化所產生的生理反應。

舉例來說，小學低年級的小孩明明前一刻還笑得很開心，卻會突然開始嚎啕大哭，收到糖果又會隨即破涕為笑。當環境發生變化時，情緒也會隨之改變。

這個例子也突顯了情緒就跟「熱的時候會流汗」、「冷的時候牙齒會咯咯作響」一樣，都是一種生理反應，我的著作中常常提到**「體內恆定」**（homeostasis），如此屬於抽象度較低的活動（不清楚的讀者請參考下一節的詳細說明）。

因為被合不來的同事挖苦，所以喪失鬥志；因為搭車坐過站，所以驚慌失措。上述那些**將你耍得團團轉的情緒，全都只是單純的生理反應**。

應該沒有人會為了流汗而煩惱，對吧？然而，我們卻很容易受到焦慮、著急或憤怒的影響，並為此傷透腦筋，深陷於情緒之中難以自拔。不覺得這樣很沒道理嗎？

像這樣被情緒左右的人，我會用「抽象度低」來形容他們。

◎抽象度低的人被情緒玩弄於股掌之間

如我在書中常提到，世上萬物可以依照**資訊量的多寡**階級化。

也就是可以從資訊量多的事物到資訊量少的事物由下而上排序。

例如特定的某人（A）↓人類↓哺乳類↓動物↓生物。

此時，資訊量較多的稱為**「低抽象度」**，資訊量較少的則稱為**「高抽象度」**。

資訊量較少（＝高抽象度）是指用比較少的資訊來表達某件事物。比方說，若比較「人類」和「A」，A「幾歲」、「在〇〇公司負責〇〇事務」、「臉上哪裡有痣」，關於他的描述越詳細，資訊量就會越多。因此，以「人類」和「A」來說，「人類」的抽象度比「A」還高。

覺得不太好理解的人，也許把「抽象度」想成「視角的高度」會更容易懂。

我剛才說「A」和「人類」相比，「人類」的資訊量較少、抽象度較高。

若要定義「A」的話，「A是〇〇家的長子」。將這個定義的抽象度提升一個層級，會變成「A是東京都民」，再提升一個層級是「日本人」，而如果繼續往上提升則會變成「人類」和「生物」。

〇〇家↓東京都民↓日本人↓人類↓生物，當抽象度依序往上提升，就代表視角也會隨之升高。

我再舉另一個例子，如果從「在公司上班的你」開始逐步提高抽象度（視角），會變成在職場的你↓在部門的你↓在公司的你↓在業界的你↓在日本的你↓在亞洲的你↓在世界的你↓身為人類的你，視野會變得越來越廣。

那麼，為什麼「低抽象度的人會被情緒支配」呢？

聰明的讀者也許已經發現了。比方說，因為低抽象度的人視角比較低，所以眼裡只看得到此時此刻「在公司被挑釁的自己」。他們的視野過於狹隘。

因此當發生令他們生氣的事情時，他們的整顆腦袋都會沉浸在情緒裡，**也就是成為情緒的俘虜。**

相反地，提高抽象度（視角），視野則會變得更加開闊，從職場→部門→公司；並且變得能夠抑制情緒帶來的影響，從「我表現得太情緒化難以成為部下的榜樣，應該要理性一點」→「部門裡還有比我更努力的人」→「因為公司的生意不好，大家才會這麼易怒，我得幫忙緩解這種緊張的氣氛才行」。

綜上所述，為了擺脫焦慮和煩悶、不被情緒垃圾淹沒、提升抽象度——即提升視角，從客觀的角度檢視自己，逐步拓寬視野是很重要的。

但可惜的是，許多人總是被眼前的資訊追著跑，帶著未經整理的資訊度過一生；換言之，他們活在抽象度非常低的狀態。

而正如先前所述，越是這樣的人，越會受到情緒的嚴重支配。

明明眼下的目標是要成功搞定簡報，卻被小小的情緒給操控，這樣的例子絕不少見，很多人都有類似的情況，「被情緒耍得團團轉」的垃圾在他們的腦袋裡堆積如山。

正因如此，我們首先必須丟掉這種垃圾。本書之所以從「情緒垃圾」開始介紹也是為了這個原因。

那麼，該怎麼做才能脫離情緒的支配呢？

你已經知道答案了吧？**沒錯，只要提高抽象度就好了。簡單來說，就是讓前額葉皮質去干擾杏仁核。**

◎與目標無關的都是垃圾

那麼，該如何提高抽象度，丟掉情緒垃圾呢？

其實為了達到這個目的，有一件事一定要做。

那就是**擁有目標**。

並且時時刻刻為目標而行動。

應該有很多讀者會好奇，為什麼目標這麼重要？

所謂的「目標」是指自己所重視的目的或標的。

只要心懷目的或標的，視角便會隨之上升，也就是提高抽象度。如此一來，負面情緒將不會影響你實現目標；倘若心中有真心想要實現的願望，一定不會整天無所事事，只知道睡午覺。

同樣地，如果成功搞定眼前這場簡報對你來說非常重要，你自然不可能有餘力抱怨同事的挖苦害你喪失鬥志。

縱使有影響心情的事情發生，正式簡報時，你的表現也不會因此變差。**這就是擁有目標的人的厲害之處。**

但實際上，就連當下的目標都沒有，而是漫無目的虛擲光陰的人卻多不勝數。

無論是想說得一口流利的英文、想創業享有功成名就，還是讓目前參與的企畫案成功過關，都屬於目標。

只要時時刻刻把真正重視的目標放在心上，朝著那個目標筆直前進，腦袋裡的垃圾就會大幅減少。

「不開心的事情一直讓我耿耿於懷」、「我總是心情低落」，有這些想法的人，應該要先捫心自問：你有時時刻刻把目標放在心上嗎？你有正在為了目標而行動嗎？

因為沒有目標，你的每分每秒不是為了目標而活，所以才會被情緒耍得團團轉。

◎別把「幸福」當成目的

我在上一節說，**與目標無關的情緒都是垃圾。**

那「快樂」、「開心」和「幸福」這些正面情緒呢？

「快樂」、「幸福」等正面情感一般被認為是好的，人們應該擁有它們；也有很多書籍或講座教導人們「快樂工作的習慣」或「掌握幸福的法則」。

但我要很肯定地告訴各位：「在符合某個條件的情況下，正面情緒也是垃圾。」這個條件便是把「快樂」、「開心」或「幸福」本身當成目的。只要你這麼做，**乍看正面的情緒也會在一瞬間變成垃圾。**

「快樂」、「開心」、「幸福」等心情是發生好事帶來的結果，萬一發生了不好的事，上一秒的好心情就會在轉眼間被拋到九霄雲外。即使如此，人們卻還是會把這種「風一吹就不見」的心情當成人生目的。

譬如對愛漂亮的人來說，買衣服是一種樂趣，也是他的「幸福泉源」。「你每次都打扮得好時髦喔！」只要被如此讚美、受他人青睞，他就能品嚐到快樂、開心和小確幸的滋味。

可是，一旦花大錢買回來的心愛衣服髒了或脫線，他的心情便會盪到谷底；又或者，當他在派對上遇到穿著更時髦、容貌更姣好、比自己更受歡迎的人時，他的好心情便會頓時消失，並深深嫉妒對方也說不定。

由此可知，「快樂」、「開心」和「幸福」這些心情會因為風向改變隨風而逝，即使作為目標，也會在你以為得手的瞬間憑空消失，一輩子重複這樣的循環。

你應該當成目標的不是「快樂」、「開心」或「幸福」這些心情。

而是真正的人生目標。

在前往自己所選人生目標的道路上，有許多敦促你前進的事物以及比較小的目標。

遇到這種「對達成目標有價值的事物」時，你應該會感到「快樂」、「開心」或「幸福」吧？你可以盡情感受這些情緒，但是千萬別就此停下腳步。

然而大多數人卻並非如此。

他們沒有任何目標，只是一味追求唾手可得的「快樂」或轉瞬即逝的「小確幸」，把「好心情」當成目的行動，每當好心情一消失，就會變得痛苦難耐。這樣下去，垃圾只會越積越多！

優秀的企業家或科學家，從事高階層工作的人所追求的，永遠是他們的人生目標。而**作為達成目標的副產物，他們會感受到「快樂」、「開心」及「幸福」等正面情感，將其作為促使自己繼續前進的動力。**

從把「達成人生目標」視為第一優先的那一刻起，生氣等情緒就成了必須丟掉的垃圾，而且「快樂與否」的基準也是垃圾。

前往人生目標的途中苦樂參半，即使萬分痛苦，依然會有快樂伴隨其中。換言之，人生目標格局高的人**並不在乎是苦是樂，而是全神貫注地活在當下**。達成人生目標是他們的唯一目的，與目標無關的一切都是「垃圾」。

當面臨要從A、B之中選擇一個答案或方向時，很多人會用「比較有趣」或「比較輕鬆」作為判斷基準。

但是心懷目標的人則會合理判斷「A和B哪一個對目標有意義？」或「往哪個方向才能更靠近目標？」

◎把所有的情緒當成娛樂

可是，除非是很有修養的人，才能不產生「憤怒」、「厭惡」、「悔恨」或「悲傷」等情緒。「即使生氣也要假裝不生氣」，這麼做其實毫無意義。除了很有修養的人之外，產生各種情緒對一般人來說都是很自然的。

那麼，我來教大家丟掉情緒垃圾，不被它耍得團團轉的祕訣吧！

那就是**把所有的情緒當成娛樂。**

這是與情緒垃圾相處的基本原則。

活在現代社會的我們有別於原始時代的人類，既不會被大型動物攻擊，也不用擔心會餓肚子，鮮少感到生命受到威脅。

如果暴露在隨時會有生命危險的環境之下，「有危險！」、「好可怕！」這些情緒對維持生命安全來說至關重要。「憤怒」的情緒或許能幫助種族得以延續，但對這些現代人的情緒波動而言，情緒對維持生命而言已經不再是必要的。

非必要但有也沒關係的事物稱為「娛樂」。

對現代的我們而言，**情緒其實是一種娛樂。**

讀了有趣的小說覺得「開心」、「高興」是娛樂。

而看了悲情的電影而「傷心落淚」也是娛樂，聽了惆悵的歌曲胸口一緊也是娛樂。不用我說，大家也會把情緒起伏當成每天的娛樂盡情享受。

然而，當悲情電影中的情節出現在現實生活時，我們卻無法將其視為娛樂，而是會受到負面情緒的左右。但這些情緒不像原始時代的「好可怕！」一樣具重要性，**「憤怒」、「嫉妒」或「後悔」等情緒，對人生百害而無一益。**即使如此，

「對悲傷、寂寞有更多了解，人類的心才會變得更加豐富。」

「難道溫柔、體貼這些情感就不重要嗎？」

有些人腦中也許會浮現這樣的疑問。

我當然也認同這種想法，只是這在本質上跟「好的小說和電影會豐富人心」沒什麼差別。

我要說的是，**「別被沒有意義的情緒耍得團團轉」**。

譬如當腦子裡充滿憤怒、嫉妒或悲嘆等情緒時，我們會遷怒他人、無法靜下來思考解決辦法，或是搞砸眼前的重要工作，這樣應該不太理想吧？我指的是這就是個意思。

身為人類，了解「悲傷」、「寂寞」等各式各樣的情緒固然重要，但若是隨之起舞，就稱不上是一個能成就大事的人。

湧現悲傷或寂寞等情緒是人類的自然本能。

不過，千萬別被這些情緒牽著鼻子走，而是要想著「悲傷也是人生的一環」，把它們當成娛樂細細感受即可，這樣就不會再被耍得團團轉。因為**自從你把情緒當成娛樂的那一刻起，你的眼界就已經往上提升。**

◎只接受對目標有意義的情緒

我在上一節寫到，要丟掉「不被情緒耍得團團轉」的腦內垃圾，就該「把情緒當成娛樂」。可能有些人覺得不安，認為自己辦不到這麼困難的事。不過，別擔心。簡單來說，你只需要求自己遵守一個規則：「放下對目標沒有意義的情緒」。如此一來，單純的「討厭」、「憤怒」或「寂寞」等負面情緒便會自然消失。

另一方面，也有勇於挑戰目標，但結果卻無法令自己滿意，從而產生的懊悔、焦慮等情緒。

這些看似負面的情緒其實對達成目標具有意義，所以你可以盡情地感受它們。而且，你也可以像前面說的一樣，盡情感受在追尋目標的途中得到的成就感和喜悅，把它們化成動力。從內心湧現的各種情緒當中，對目標沒意義的就斷然拋棄，對目標有意義的則細細感受。

剛開始，請你不斷告訴自己「不准擁有對目標沒有意義的情緒」，讓前額葉皮質的資訊處理功能進行干涉。

光是這麼做，對目標沒意義的情緒垃圾就會慢慢消失。

綜上所述，丟掉情緒垃圾的訣竅是：

「把所有的情緒當成娛樂。」

「捨棄對目標沒意義的情緒，只感受對目標有意義的情緒。」

以上的基礎在於提高抽象度。放大自己的視野，設定目標，並且只為了目標採取行動。

◎止觀情緒起伏的源頭

萬一這樣情緒還是出現波瀾，請你仔細推敲自己的內心，找出波瀾的源頭。這個行為叫作**「止觀」**，是佛教經典《摩訶止觀》當中，靜下心來觀察煩惱的方法。

情緒會暴走是因為沒意識到暴走的起因，如果有意識到的話，就能加以控制，防止暴走。為了意識到起因，你可以試著從客觀的角度審視自己的情緒波動。

比方說，當你因為自己視為競爭對手的同事，以業績為由說了一些瞧不起人的話，讓你火冒三丈時，請客觀地想想「自己為什麼會生氣？」但別只想到「因為被挖苦」就停住。

止觀時，意識到情緒的波動非常重要，所以請你鉅細靡遺地分析情緒波動的原因。

譬如「我之所以會這麼生氣，是因為說這些話的人被我視為競爭對手，如果是不在意的同事，我應該就不會這麼氣。」、「他的個性和做事方法都與我不同，我只想用我的方法操作。」、「只是被挖苦了幾句就這麼生氣，真不像我啊！」等等。

綜上所述，透過止觀靜下心來觀察自己的情緒波動，等於是「從高處向下俯瞰」。

若能從高處俯瞰一切，不用特別努力也自然能夠控制情緒。

◎愈自我中心的人傷得愈深

關於前述「把所有的情緒當成娛樂」的部分，我想應該還需要再稍做說明。長大成人後，我們的心會多出許多傷口，這就是為什麼有很多成年人會被因心傷而起的情緒給耍得團團轉。

只要活著，我們的心就會不斷受傷。

別人一句無心的話或遇到一件令人備受打擊的事……我們心上的傷口會隨著年齡的增長越來越多。

足以引發「PTSD」（post-traumatic stress disorder，創傷後壓力症候群）的嚴重心傷稱為「心理創傷」（psychological trauma）。

每個人內心都有傷，有些會變成心理創傷，造成心理疾病；有些則會在變成疾病之前自行痊癒。

其中的差異是什麼呢？

意外的是，大多數人並不了解，內心的傷口是否會變成心理創傷、造成憂鬱症等心理疾病，與事情本身的大小毫無關聯。遭逢重大打擊時，有的人會因此出現心理創傷，有的人則不會。

兩者之間的差別在於**這件事對當事人來說有多不合理。**

遇到相同的打擊，有的人覺得「非常不合理」，有的人卻只覺得「有點不合理」。一個人對這件事情的看法會影響不合理的程度。

而要說是什麼造成每個人意外程度不同，答案是自我責任感的大小。

在遭逢打擊時，認為「自己也有責任」的人，會覺得事情不合理的程度較小；反之，認為「自己沒有責任」的人，會覺得事情不合理的程度很大。

換句話說，發生這件憾事，認為「自己也有責任」的人，內心的傷口會比較淺；相反地，每當遇到討厭的事，習慣認為「自己沒有責任」的人，內心的傷口會比較深。

舉例來說，假設公司裡有一個易怒的前輩，也不管你忙不忙，丟下一句「這個，麻煩你趕快處理！」就把工作通通推到你身上。你光是自己的工作就自顧不暇了，如果還接受前輩的委託，六、日兩天就勢必得加班。可是，那個前輩很容易生氣，到目前為止，你已經有過好幾次惹怒他的恐怖經驗，所以你非常慎重地婉拒：

「我現在也很忙……不好意思，可以請你拜託其他人嗎？」

結果前輩聽了勃然大怒：

「我不也每次都有幫你嗎！你這是什麼態度啊?!」

因為他實在是太生氣了，你為此受到嚴重打擊，幾乎快變成心理創傷……

此時，你有兩種對應方法：

一種是內心為此受傷，並以「自己沒有責任」為前提責怪對方。

「那是你不考慮我這邊的情況，就把工作全部推給我的問題啊！」

另一種則是忍住想責怪對方的情緒，試圖以客觀的角度觀察情況，認為自己也有責任。

「前輩也是因為太忙才會這麼暴躁吧！他的確也幫了我很多，彼此彼此嘛！」

如果像前者一樣，覺得「自己沒有責任」，你和前輩的關係一定會變得劍拔弩張。

但如果像後者一樣，覺得「自己也有責任」，則對「被前輩罵」耿耿於懷的可能性就會驟然降低。

遇到不合理的事情時，認為「明明自己沒有半點責任卻要受罪」，只會一味責怪對方的人，是「凡事以自己為主」——即「自我中心的人」。即使遇到一樣的事，自我中心的人的心傷會比沒那麼自我中心的人還要更深，而且這道傷痕會久久不癒，讓他們遲遲無法釋懷。

這裡說的「自己也有責任」，和指責獨自一人走夜路被暴徒襲擊的女性「妳自己不小心也有責任」是不一樣的，並不是不正確的事也得隱忍。**只要活著，我們就必須接受各種不合理的事。因為活著就是這麼一回事。**試著接受各式各樣的不合理，遵循這個世界的道理活下去，這種覺悟才是我說的「責任」。

◎提升抽象度，內心的傷會好得更快

上述內容在精神醫學界人盡皆知。

關於該如何看待「疾病」，我認為**「所有的疾病都是自我表現」**。

舉例來說，感冒的頭痛、發燒除了是暗示自己「該休息了」，同時也是對其他人表達「希望你對我好一點」、「希望你再讓我多休息一下」等訊息的自我表現。

內心的傷口變成心理創傷，引發病症，也可以想成是一種無意識的自我表現，代表你想對他人展現自己內心的傷口。

這時，假如是有心理創傷的人，可能會在睡著時大叫著醒過來。「大叫」可以想成是對同樣正在休息的家人的自我表現。

即使如此，只要意識到「家人睡得安穩也很重要」，他們的症狀應該就會有所緩解。也就是說，就算為病症所苦，只要不以自己為中心思考，內心的傷口便不再是心理創傷，症狀也會隨之消失。

是否會被內心的傷口左右，取決於你「能不能不再以自己為中心」、「能不能體貼周遭的人」。縱使內心千瘡百孔，若能坦率接受「自己也有錯」、「彼此彼此」，那些傷口就一定會慢慢癒合。

更進一步來說，遇到傷心的事情，覺得「都是對方的錯」，只會一味怪罪他人的人，他們的抽象度很低；反之，能夠想到「自己也有責任」的人，在某種程度上，他們的抽象度比較高。這是因為抽象度越高，視野能容納的人數越多。

只要提高抽象度，就會了解心裡有傷的不是只有自己，因為每個人都懷抱著心傷活在世上。

比方說，就算上司莫名其妙對你發飆，你也能體諒對方的難處，並發現對方生氣的原因其實是公司的體制問題。

提升抽象度，我們便會脫離自我中心的思考模式。

即使內心受了傷，也不會再被起伏的情緒牽著鼻子走。

◎做自己想做的事，大腦才會澈底覺醒

我們回到開頭那個會在工作空檔跑去刷牙的編輯。

我想大家應該已經了解，靠刷牙來提神是一個「很糟糕」的習慣了吧？需要在工作空檔跑去刷牙，是因為他心中沒有目標。

因為沒有目標，所以一旦發生討厭的事情就會情緒低落，跑去刷牙；因為沒有目標，

所以很快就會喪失幹勁，再跑去刷牙。

儘管他用牙刷清理堆積在腦中的垃圾，可是一刷完馬上又會出現新的垃圾，這都是因為他的心中沒有目標。

也許有些讀者會想：

「不對，他應該也有目前工作上的目標啊！」

這裡說的目標是自己打從心底渴望的目標，公司交代你達成的目標，並不是你自己想要的目標。如果是為了由衷期盼的目標工作的話，應該不需要每小時幫自己提神一次吧！

真正的目標是你發自內心想實現的目標。若是為了自己真正想做的事，你便能經常保持高度集中，專心處理工作。

從星期天下午就因為想到工作而陷入憂鬱的人，每天都想早點下班回家的人，因為他們做的不是自己想做的事，所以當然會感到心煩意亂。

即使用刷牙、夜間小酌或每個月的薪水來欺騙自己，腦袋也不會因此變輕鬆。明明勉為其難地做著不想做的事，卻妄想維持注意力、提高生產性、增進能力或享受工作，這根本就是無稽之談。

請嘗試反向思考：

因為做想做的事，所以注意力、生產力和能力才會有所提升。

因為做想做的事，所以才不會再被負面情緒耍得團團轉。

因為做想做的事，所以「快樂」、「開心」及「幸福」等正面情緒才會作為結果湧現。

被情緒起伏支配的你，首先必須**擁有自己打從心底渴望的目標。**

✕ 三個煩惱的答案

擁有打從心底渴望的目標，
朝著目標活在當下吧！
這麼做一定能讓情緒垃圾一掃而空。

◎ 掃除一的重點

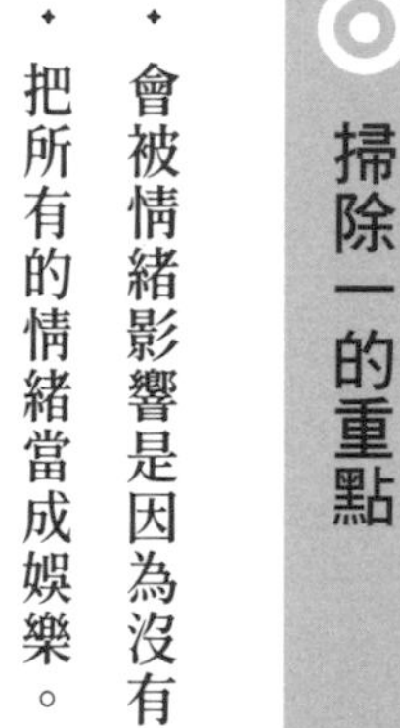

- 會被情緒影響是因為沒有目標。
- 把所有的情緒當成娛樂。
- 只允許自己擁有對目標有意義的情緒。

掃　除　二

空虛感與焦躁感……
丟掉「他人的標準」

”

上司竟然說我是「同期之中最不會做事的」，讓我感到好沮喪。要如何才能重新振作？

我在小有名氣的企業工作，擁有的財產也不愁吃穿，卻總是覺得哪裡不夠。該說是有點空虛嗎？不滿足的原因是什麼呢？

我想用老了之後回首過往也毫無後悔的方式過活。

這乍看因人而異的「空虛感」和「焦躁感」。

其中共通的「腦內垃圾」是什麼？

◎「自己」是誰?

在這個步驟，我們要來思考**「自己」**是誰。

設定「自己」打從心底渴望的目標，必須先從「現在的『自己』是誰」的問題開始著手。

因為想「淨空大腦」，正在讀著這本書的「自己」是誰?

我們可以如何說明「自己」呢?

這裡現在是一個大型宴會的會場，我們必須盡全力向第一次見面的人介紹「自己」。

「我叫鈴木太郎。」

你說出自己的名字。可是，會場裡也許有跟你同名同姓的人也說不定。

「我生於北海道。」

會場裡說不定也有來自同一個地方的人。

「我任職於〇〇公司。」

會場裡可能也有人在同一間公司上班，所以這樣還是沒辦法彰顯自己。

「我住在東京的世田谷區。」

「我支持〇〇足球隊。」

「我喜歡關東煮。」

「我有弟弟。」

「我有〇〇證照。」

「我去年去夏威夷玩。」

「我的個性開朗，擅長配合別人。」

「我最近加入了健身房的會員。」

我們接二連三地告訴對方自己的事，但這些都不是「個人」的資訊，而是「跟自己有關的其他事物」的資訊；無論是公司、證照、弟弟、夏威夷、住在哪或關東煮，全都是「自己以外的人、團體、地方及物品」。

就連「個性開朗，擅長配合別人」，也只是把別人以前說過的話照本宣科。

這代表什麼呢？

代表即使你想定義「自己」，能用的資訊也全都來自於「他人」；換句話說，「自己」是由「與他人相關的資訊」所組成的。

所謂的「自己」是用「你與他人關聯性的各種相關資訊」拼湊出來的結果。

不是很明白人，請你試著用能夠非常肯定「這就是我！」的方式介紹「自己」。但不論你說了什麼，都一定都是「與自己有關的他人的資訊」。從「自己」的點伸出許多線，連接到夏威夷、兄弟、公司、住處和關東煮等其他點上。就算我們想自我介紹，能說的也只有自己以外的點而已。

資訊網上存在無數個定義自己的「他人的點」，這就是「自己」，也就是「自我」；釋迦牟尼稱之為「緣起」，現代分析哲學則認為「自我是評估函數」。

簡而言之，「所謂的『自己』是資訊網的其中一部分」。

■「自己」是什麼？

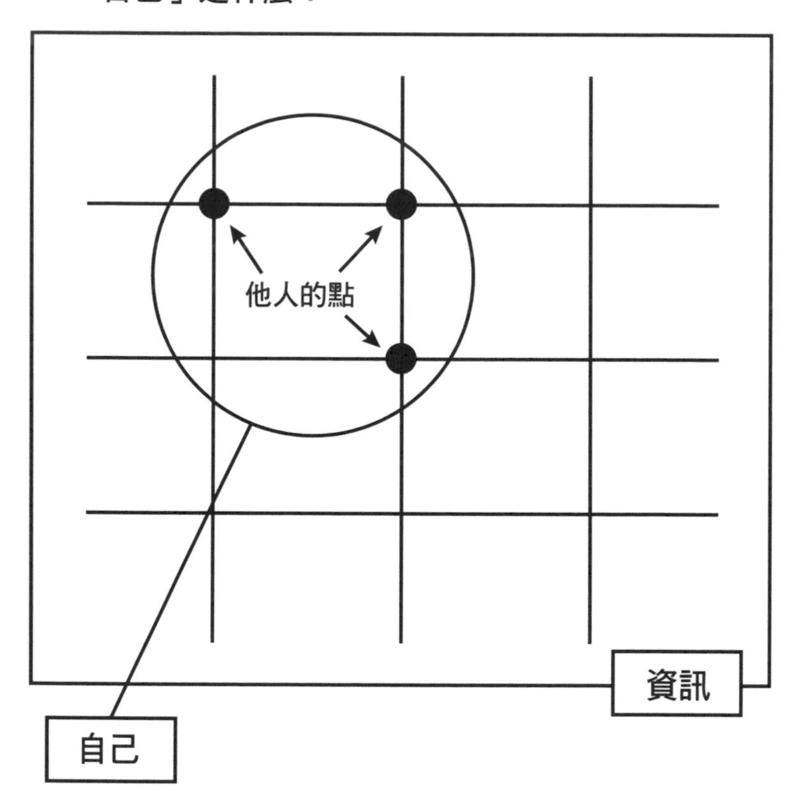

自己（自我）＝以重要度篩選過的「他人的點」之集合體。

◎從房間就能看出一個人的大腦

爸爸、媽媽、手足及朋友，這些點與點之間相連以線；而公司、住處、夏威夷與關東煮等等的點，也透過線與其他點相互連接。

點的數量多如繁星。

喜歡藝術的人可能會連到畫家或音樂家的名字，志在經商的人會連到自己崇拜的企業家，喜歡旅行的人則會連到中意的旅遊景點。

由此可見，**從無數個點當中挑出用來定義「自己」的點的人是我們本身。**我們只會意識到自己認為重要的事物。

大腦有內建一種過濾系統，會從無以計數的資訊中辨別自己認為重要的資訊。

掌管該系統的部位是位於大腦基部的「RAS」(Reticular Activating System，網狀活化系統)。

RAS是區分資訊對自己來說是否重要的濾網。

我們生來就會因為RAS的作用，只接收到我們認為跟自己有關係的資訊。我們認為跟自己無關的資訊，則會下意識地被隔絕在外。

一聽說客戶新窗口的興趣是水肺潛水，你就經常看到潛水用品的專賣店或電視節目，這是想要跟新窗口打好關係的意圖使你意識到了它們的存在。

又或者是在想著「好像差不多該買支新錶了」的時候，突然開始在意起別人手上的錶，發現常經過的路上有一家名牌錶店，或是一眼就看到雜誌上的手錶廣告。

請你想像自己跟朋友一起去某個人家裡做客。

客廳裡有掛在牆上的畫、插在花瓶裡的花、陳列在櫃子裡陶器、水晶吊燈、高爾夫球桿、沙發和餐桌等物品。假如你喜歡打高爾夫球的話，也許會一眼先看到高爾夫球桿，接著才依序注意到水晶燈、舒適的沙發和一張餐桌。

而在另一方面，對藝術有興趣的朋友首先應該會注意到牆上的畫，然後才依序看向陶器和花等等的物品，反而你可能壓根沒注意到畫的存在；同樣地，高爾夫球桿也可能在朋友的記憶裡完全沒留下一絲痕跡。

就像這樣，我們**只會意識到自己覺得重要的事物，將自己覺得重要的資訊輸入大腦。**

即使站在同一處、看著同樣的風景，**自己和別人看到的景色也不盡相同。**所有人眼裡都只看著自己覺得重要的事物，這時，我們會無意識為透過眼、耳接收到的資訊排列優先順序。

這種無意識排列優先順序的結果就在我們的大腦裡。

與此同時，你眼中所見的世界等於你腦袋裡的景象。因為我們會無意識地從圍繞在身邊的各類資訊挑出自己重視的部分輸入大腦，只聽、只看這些內容。

舉例來說，你的房間就是你的大腦。

因為我們的房間堆滿了充滿回憶的照片、衣服、書本和CD等自己珍視的東西。

你眼中的世界只看得見自己重視的事物，而這個世界直接反映了你的大腦。

◎你正在活出「他人」

那麼，若要討論判斷「哪些重要、哪些不重要」的是不是我們自己，答案是否定的。

我們就連判斷「重要」的基準也是來自外部他人的灌輸。如同先前提過，我們每個人可說是由無數個「他人的網」交織出來的點，而這個點所仰賴的判斷基準，也是由各式各樣的「他人」建構而成。

譬如在和初次見面的人交談時，因為好奇對方的年齡，所以開口詢問「今年貴庚」，這就代表「年齡」被當成「衡量他人的重要標準」深植在他的腦中。

可是，他也不是打從從呱呱墜地的那一刻開始，就覺得「年齡很重要」。「年齡」這個標準是從哪裡來的呢？答案是父母在他小的時候、或是在至今為止的環境當中與他產生關連的人灌輸給他的。發展心理學界認為，成人無意識下的判斷，有八九成是在模仿父母。

聽說最近幾年，如果問小學生「將來想從事什麼行業」，「公務員」在排行榜上獨占鰲頭，這也是因為父母用「公務員很穩定，很不錯啊！」、「要是你爸也是公務員就好了。」這些話灌輸他們的緣故。除此之外，「就職就要選大企業！」、「結婚就要選這種對象！」或「吃那個對身體不好！」等等，我們從孩提時代開始，就一直不斷被父母以及身邊的人灌輸各式各樣的價值觀。據說最近還有很多小學生回答想當「正職員工」，這正是被父母灌輸的結果。

而且，**就連跟我們沒有直接關係的人事物，也無時無刻在對我們灌輸他人的標準。**

雜誌或電視的廣告自然不用說。

就算你本來對自己現在的衣服很滿意，一旦在廣告上看到「穿著流行服飾的人，因為邂逅了很棒的對象而幸福洋溢」之後，也可能會開始覺得舊有的衣服既過時又難看。

汽車廣告也一樣。載著看起來幸福美滿的一家人和寵物狗的汽車在外國的海岸線上奔馳，看到這樣的廣告，我們會無意識在腦中把「幸福」和「汽車」連在一起。但明明汽車和幸福本來什麼關係都沒有啊……

看到單眼相機的廣告，便幻想著買下單眼相機之後，每天都在開心拍照。但明明就算買了單眼相機，也未必每天都會很開心……

這樣的例子不勝枚舉。

最近就連電視節目的內容本身，都在直接向我們灌輸價值觀。打開電視，明明不是購物台，物品的價格卻以每十分鐘一次的頻率出現在電視上，有些電視節目甚至直接用物品的價格作為主題。看著這些節目，我們會產生「自己不跟著買的話就虧大了」的想法。但明明只要在需要時購買需要的東西就好，根本就什麼都不虧。

我們自始至終都像這樣暴露在來自外部灌輸的價值觀或標準當中。**也就是說，你以為**

你以為擁有自己的價值觀，實則是他人灌輸給你的；你以為你是用自己的標準活著，實際上卻是按照他人給你的標準活著——這才是你真正的模樣。

結果呢？

被灌輸「學歷很重要」，一直以來都把「到好大學讀書」、「到大公司上班」當成人生志業，即使成功進入一流大學或一流企業，卻終其一生鬱鬱寡歡——這種人該有多少啊！

莫名覺得無法滿足。

莫名感到惶恐不安。

缺少某個重要的事物。

沒有「活著」的充實感。

這些煩惱的原因之一，是因為你「活在他人的標準之中」。腦袋裡之所以總是烏煙瘴氣，是因為「你」這個獨一無二的「自己」裡面裝的全是他人的標準。

如果想讓腦袋恢復清爽，**就必須丟掉「他人的標準」這種垃圾。**

◎無論得到什麼都不滿足的原因

我長年在美國的耶魯大學和卡內基美隆大學過著研究生活，但回到日本，搭上電車，我的心情就變得非常差，因為車上那些西裝筆挺的人，一個個臉上都掛著心事重重的鬱悶表情。

可是這些帶著千頭萬緒搭車的人當中，也有下定決心要換工作的人，或是開始用功準備考取證照的人。若他們能順利達成目標，一掃心中的鬱悶該有多好。然而現實卻事與願違。

起初，他們應該會覺得心中的煩悶消失了吧！但那只不過是被新工作的緊張感和新鮮感蒙蔽了而已。

這就跟在吃膩了日式和食之後，會覺得久久吃一次的西餐非常美味是一樣的道理。但要是因此換成一直吃西餐，總有一天也會吃膩。同樣地，新環境也遲早會失去新鮮感，腦中也會再次浮現各種煩惱。

人事顧問公司廣告裡說的轉職後的彩色人生，未必會永不褪色。

以為考到ＭＢＡ就能一口氣晉升主管而死命苦讀，卻在實際拿到學位後，也沒有太大的改變。

相信結婚就要找學歷高、薪水高、身高高的「三高男子」，卻在嫁給理想的對象之後，對一切都感到不滿的人。

明明是因為想要才買的東西，實際拿到手後卻沒有多開心。被用都沒用過就直接擱置的物品堆滿的家。

這些都是灌輸的結果。**根據他人灌輸的價值觀思考、行動，結果讓自己的腦袋裝滿一堆垃圾。我們不斷在重蹈覆轍。**

◎「在夏威夷自由度日」的不自由

我說得太過分了嗎？

「我才沒有！不管是不是灌輸，我就是我，我覺得很幸福啊！」應該也有讀者會想這麼反駁吧？想用「我的的確確是按照自己的想法活著！」反駁我，或是心想「雖然我懂你的意思，可是……」，內心還是難以釋懷的人，請你們試著寫下自己現在想要的東西或「如果可以這樣就好了」的理想心願。

我們來看看有哪些答案吧！

「青春活力。」

「他人的尊敬。」

「在同期之中取得最高成就。」

「辭職創業。」

「到鄉下當閒雲野鶴。」

請仔細想清楚。

「這個答案」真的是你想要的嗎？

你為什麼想要這個？請你想想自己產生這種想法的契機。是不是在電視或雜誌上看到後覺得很棒，或羨慕其他人之類的原因呢？這種「想要」什麼的心情，是否依舊是受到他人的刺激、是外界賦予你的呢？這就代表覺得「想要」的並不是「你自己」。

你理想的自我印象假設是「當老闆」也一樣。

這是你看到出現在雜誌或電視上的老闆，被灌輸「當老闆好帥」的結果。又或者，看到對手或朋友出來創業，所以覺得自己也要好好努力，但是「創業很厲害」或「因為別人正在努力，所以自己也必須好好加油」，這些想法本身就是他人灌輸給你的。

老闆與員工之間並沒有「厲不厲害」的優劣之分，認為「○○很厲害」的優劣或歧視本身，就是他人灌輸的價值觀。

別人是別人，自己是自己。不管看到對手有多拼命，你只需要按照自己的步調來就好。競爭意識也是典型的被灌輸的價值觀。

那麼，如果你的理想是「一年有一半的時間在日本工作，剩下的一半在夏威夷享受慢生活」呢？

然而，這個理想一定也有受到媒體的影響；「生活自由自在的，好羨慕喔！」這是你看著別人想像出來的理想人生。

追根究底，「一年有一半的時間在夏威夷自在生活」的想法本身本就是被灌輸的價值觀，別說是自由自在了，根本一點都不自由。

每天搭「滿員電車」去上班的人當中，也有內心自由的人，他的自由源於他自己的「原創標準」。

因此，就算在電車上被擠成肉餅，就算在公司裡被上司使喚，無論別人怎麼看，他的心一直都是自由的。他一定也有自己的人生目標，並擁有很高的抽象度，曉得如何把「被別人說閒話」這種低水準的負面情緒當成娛樂。

另一方面，認為「一年有一半的時間住在夏威夷『很自由』」的想法根本不自由。因為只要不去夏威夷，他就不會有「自由」的感覺。把「夏威夷」和「自由」畫上等號原本就是被媒體灌輸的結果，這兩者根本毫無關聯，對吧？

在講座等場合詢問聽眾「想要的東西」或「理想的自己」時，他們的答案往往都差不多，因為那並非聽眾自己的想法，而是基於他人或媒體灌輸的標準所得出的答案。

灌輸那些標準給他的人，也活在別人或媒體灌輸的價值觀之中。意即「灌輸他人的人，同樣也被他人灌輸」，因此大家的回答才會都是「想要更多財富」、「想受異性歡迎」、「想擁有自己的公司」或「夏威夷是很棒的地方」這些大同小異的答案。**根據他人灌輸的價值觀，追求和他人一樣的目標，跟他人過著一樣的人生——大家全都對此毫無知覺。**

◎一流企業的不滿員工

你身邊應該也有這種人——在每個人都聽過的知名企業上班，拿著不愁吃喝玩樂的薪水，報出年薪還會收到別人羨慕的眼光，有自己的車，穿著高級西裝，家裡的家電都是最新機型，但是臉上卻總是露出有哪裡不滿足的表情，看起來過得並不充實，把「想換工作」掛在嘴邊卻沒有實際作為，對人生充滿迷惘——說的也許就是你。

即使在人人稱羨的公司上班、有不錯的薪水、想要什麼就買什麼，卻還是不滿足的原因。

因為他得到的並不是他真正在追求的東西。

因為由他人灌輸的價值觀構成的自己，接收到的只有他人灌輸的東西。

看到新聞媒體或其他人，產生「好想要那個」、「如果可以變成那樣就好了」等等的想法並追尋之，就代表你放棄做自己，選擇按照他人的想法活在世上。用他人的標準活出他人認可的人生，你當然會覺得很煩啊！

和別人追求一樣的東西也沒關係，只要你自己覺得好就是好。

不過，要是你真的想清空腦袋裡的垃圾，讓思慮變得澄澈地活下去，請你認真想想，繼續被別人灌輸給你的東西控制真的好嗎？你究竟在人生裡追求著什麼呢？

你剛才寫下的「想要的東西」或「理想的自己」，真的是你在追求的嗎？如果開始覺得「好像不是」，就代表你已經窺見腦中垃圾的冰山一角。

◎別隱藏真正的想法

在這裡，我們要再進一步探究腦袋裡的世界。請你老實說，你剛才是不是寫了假的答案？

想要的東西假設是「車子」的人，理想的自己假設是「老闆」的人，擁有一部好車、成為理想中的大老闆，你的願望就算實現了嗎？

你真正的想法是什麼？想變成了不起的人、坐擁億萬財富、開著好車、身著華服、受眾人吹捧，還想要豪宅、別墅，希冀自由。擁有人人稱羨的物品，獲得令人眼紅的地位，盡情享受他人的阿諛奉承……。

這才是你的肺腑之言吧？

「車子」和「老闆」只不過是象徵這些真心話的替代品，難道你不是因為不想承認「想被其他人阿諛奉承」是自己「理想的模樣」，才委婉寫下「車子」和「老闆」的嗎？

一開始請大家捫心自問「想要什麼」、「想變成什麼樣子」的練習，是所有自我啟發書籍或講座都一定會有的單元。

可是，人們卻總是惺惺作態，對自己撒謊。

「一個女朋友和一百個女朋友，哪個比較好？」真心話當然是「一百個女朋友」；「存款一百萬和一百億，哪個比較好？」你一定會選擇「一百億」。這種簡單的問題，大家都能笑著實話實說；一旦變成自我啟發，卻通通都是謊話連篇。從謊言開始的自我啟發得不到任何效果，就算暫時充滿熱情也維持不久。熱情冷卻後，又繼續回到煩悶的每一天，因為你從一開始就對自己撒了謊。

我再問一次。

你「想要的東西」和「理想的自己」是什麼？請誠實作答。

如果不好意思寫下來，也可以不寫。但是，如果你真正的想法跟一開始寫的不一樣，請你在剛才寫的內容上打一個叉。

請你讓真正「想要的東西」和「理想的自己」在腦內膨脹。

接著，請盡情馳騁於想像中的世界，用腦內會大量分泌多巴胺（掌管運動和學習的神經傳導物質）的臨場感進行想像。當你自由且鮮明地想像自己真正的心願，大腦裡的層層烏雲一定會一掃而空。

「這在現實中是不可能的吧！」、「這個願望的水準好低喔！」現在先不用去想這些。就算是不切實際、水準很低的願望也沒關係。因為在本書的最後，願望的抽象度會往上提升，所以不要緊。

首要的重點是別欺騙自己，別在意世俗的觀念和他人的目光。請你用力在腦中想像自己真正的願望。

真心話是究極的「WANT TO」（想做的事），是你發自內心的渴望，千萬不能把它藏起來。長久以來，你都封印自己真正的想法，對其視而不見，用他人的標準取而代之並賴以為生。

但是，人生只有一次，你甘心就這樣結束嗎？

請你丟掉他人的標準，正視自己真正的心聲，追求發自內心希冀的事物活下去吧！

◎用自己的標準來活

為什麼我們的腦袋總是亂成一團?你已經知道其中一個主因了吧?

我們的頭腦之所以會覺得不痛快,是因為裡面「裝滿了他人的想法」。

因為「我們在人生中用他人的標準衡量自己」。

因為我們認為「重要」、「帥氣」的東西取決於他人。

因為我們在意他人的目光,隱藏真正的想法。

因為我們沒有設定人生目標,做著自己不想做的事。

一言以蔽之,是因為「我們的腦袋裡都是他人」,所以才會一直感到煩躁不快。

腦袋裡的垃圾其實是他人灌輸給你的東西。你從小就被父母、周遭及社會灌輸了堆積如山的價值觀和規則,以不到的廢物塞滿了你的腦袋,活像是個垃圾桶。

若想消除腦中的煩悶,提高注意力和思考力,**就得丟掉他人灌輸的標準。**

占據你腦中的「他人」會阻礙你發揮出與生俱來的能量與潛力。

不仰賴他人的標準,以自己的價值觀來活,並且了解自己真正想要的東西和理想的樣貌，朝著這個目標，做著自己真正想做的事情活下去。

根除腦袋裡的垃圾除此之外，別無他法。其他都只是緊急處置，就算能暫時緩解情緒，不久後又會打回原形。

「他人的標準」滲透了我們生活中的每個角落，使我們心煩意亂。讓我們一起掌握典型的「他人標準」，一邊理解，一邊把垃圾丟掉吧！

◎有比較才會有煩惱

拿自己和他人、社會平均或排行比較，也是煩惱的源頭之一。

我們每個人都是網上的點，點與點之間並沒有大小之別或優劣之分。可是為人們區分優劣的，卻是社會上那些如同垃圾一般的價值觀。

「同期進公司的，就你最不會做事！」假設上司對你說了這樣的話。

但你不必為此沮喪，因為業績和你的價值毫不相干；如果你覺得業績好的人比較優秀，那是因為名為「公司標準」的垃圾占據了你的大腦。

你只要用自己的標準衡量自己的價值就好。用自己的標準評價自己的工作表現、斟酌工作與生活的平衡，並決定要用什麼方式工作和生活。

這個社會總喜歡把所有東西數值化後再拿來比較，例如平均年收入、不同公司的年收排行或適婚年齡等等，這些準則都是社會上的有害物質，我們不用理會這些垃圾標準。

◎有競爭才會有煩惱

競爭原則滲透了社會的每個角落，依附競爭社會的標準，等於放任自己處在「必須成為常勝王者」的高壓之下；一旦輸了，打擊、恐慌和煩惱就會充斥大腦。

即便贏了得意一時，也要接著準備迎接下一場競爭；而且因為贏過他人感受到的痛快，只不過是依附其他現成標準才得到的結果，並不是基於你自身渴望所得到的收穫。

無關乎與他人之間的勝負輸贏，我們必須用自己的標準衡量自己。假如你的心情會隨著和公司同事的競爭起起伏伏，請你深刻反省這種不成熟的舉動。

要是奉行「競爭原則」的標準，不論最後的輸贏為何，腦袋裡永遠都會充滿煩憂。從今以後，除了競爭以外，我們要擁有**由自己衡量自身價值的「原創標準」**。

◎「常識的標準」都是垃圾

在公司爬得高的人很了不起；創業後功成名就的人很了不起；醫生、律師和有錢人很了不起；有男女朋友才稱得上是幸福的人……。

充斥在社會上的這些「常識標準」都是垃圾。

不需要為了這些垃圾傷透腦筋。「要不要升官」、「要不要結婚」，這種事用自己的價值觀判斷即可。

我們必須停止「隨著用自認知曉一切的表情，在社會上呼風喚雨的『常識標準』起舞」。

◎周圍的目光也是垃圾

別人如何看待自己也是製造腦內垃圾的源頭。因為在意周圍的目光，所以沒辦法做自己覺得正確或想做的事；反而會因此為了討好他們，所以做出符合對方期待的行動。無論如何，這都只會增加腦袋裡的垃圾，無法發揮出自己原本的實力和魅力。

在這裡，我想請各位了解的是，「自己在他人眼中看起來的模樣」，其實是你自己的想像。

映在他人眼中的自己，是自己創造出來的假象。因為你根本看不到「別人眼中的自己」，所以那當然是你擅自創造的假象。

因此，只要不創造這種假象，就不會在意周圍的目光，也不會再為此感到畏畏縮縮，感到惶恐不安。

◎為了活得不後悔

在這個步驟，我們讀到了「自己是由他人灌輸的價值觀所構成的」。

「我想在老了之後回首過往也沒有半分後悔的方式過活。」

如果你真的這麼想，請拋棄心中的「他人的標準」，重新選擇自己打從心底渴望的事物。

可是，也許有些讀者會好奇：

「重新選擇的『自己』，是由過去二、三十年來被灌輸的價值觀所構成的。有辦法把這段過去『一筆勾銷』嗎？」

會覺得沒辦法，是因為你被侷限在他人灌輸給你的錯誤常識。只要有正確的認知，過去並不會對我們造成任何影響。

在下個步驟，我們要來了解這個「正確的認知」。

✕ 三個煩惱的答案

不要隱藏自己真正的想法，丟掉「他人的標準」，為了追求自己打從心底渴望的事物而活，這樣才能發揮出原本的實力。

◎ 掃除二的重點

- 人類只會看到自己認為重要的事物。
- 判斷「○○很重要」的「自己」，以及用來進行判斷的標準，都是由「他人灌輸的價值觀」所構成的。
- 大腦之所以會煩躁混亂，是因為你正在活出「他人」。
- 丟掉「別人的標準」，僅為「自己的標準」而活。

掃除三

想改變卻無法改變……
丟掉「過去的自己」

99

（從小人家就說）我怕生又不夠積極，如果可以成為更開朗風趣的人就好了……

我有一個既沒幹勁、也沒責任感、能力還很差的部下，該怎麼做才能改變他啊……

因為想受異性歡迎，我特地挑了時下流行的衣服和髮型，卻還是沒人理我。我想知道受歡迎的人的祕訣。

這些願望乍看之下毫無關連。
它們共通的「過去的自己」是？

◎丟掉「假想的自己」和「過去的自己」

「如果當時有那麼做的話，我現在應該會更幸福吧？」我們很容易陷入這種想法。

「如果有考上那所大學的話……」

「如果有進入那家公司的話……」

「如果沒有結婚，繼續工作的話……」

「如果當時沒有犯那個錯的話……」

「如果當時有那麼做的話……」

我現在應該會更幸福吧？——我指的是這些想法。

然而，我們不可能回到過去重新選擇或抹去失敗。

「如果當時有那麼做就好了。」這樣的想法沒有任何意義。

「如果當時有那麼做，我現在應該會變成這個樣子。」這種「假想的自己」也是腦內垃圾的源頭。接下來就來丟掉這些垃圾吧！

對過去感到後悔的人，會站在過去的延長線上思考未來。

他們會想：「以前大家都說我是個內向的人，所以應該沒辦法當主管管理別人吧？」、「我從以前就沒什麼異性緣，所以應該不能有太多擇偶條件吧？」

可是，他們應該還是會希望能有活躍的表現、更受異性歡迎吧？明明有這種想法，卻遵循過去的記憶壓抑自己，因此內心才會發生拉扯，使大腦感到焦慮不安。

「我想改掉自己〇〇的地方。」可是卻改變不了、無法改變。

不，你其實是可以改變的！

◎世界建立在過去的記憶之上

來談談大腦吧！

我們大多會根據過去記憶，判斷自己「性格如何」、「能力到哪」，站在過去的延長線上思考未來。

像這樣在過去的基礎上看事情的原因不單單只是我們的心態問題，跟大腦的功能本身也有關係。

我長年投身於腦功能的研究，隨著研究的進展，我發現大腦在一般的情況下，其實並沒有用到太多資訊處理能力。**不過，大腦非常擅長假裝有在認真工作。**

比如我們每天都會重複看見家人的臉、上司的臉或辦公室的擺設等等，但實際上卻沒有「真的在看」。

其實大腦只不過每天都在假裝「有看到昨天看過的東西」，讓我們以為「今天也有看到這些東西」。可是，這並不代表所有過去的資訊都會被存放在記憶裡面，而海馬迴會即時把它們找出來貼到意識層面——大腦甚至連找都沒找。

你其實根本沒看，但它卻讓你以為你看過。

我們來做個實驗。

請你試著回想自己昨天見過的人，把他們的臉畫出來。不論是家人、朋友或同事，只要昨天有見過面都可以，而且畫得好不好都沒關係。總之，請你盡可能正確回想昨天見過的人，用圖畫忠實還原對方的臉。那個人昨天是什麼髮型？用什麼表情跟你說再見？請你用三到四分鐘的時間來畫。

接下來，請你把畫好的圖與本人進行對照。

結果會發現，幾乎沒有人畫得和本人一模一樣；不管有多珍惜自己的另一半或家人，大部分的人還是會畫錯好幾個地方。

這代表我們實際上連每天都在看的親人的臉都記不清楚。

你以為自己在看，但其實只是「以為」而已。

因為以前看過，在記憶裡有點印象，所以不「看」。

換句話說，**「我們現在看到的世界，是建立在過去的記憶之上」**。

為什麼大腦會有這種投機取巧的行為？原因出在它的資訊處理能力。假如往後的每一秒都要重新辨識曾經看過的東西，龐大的資訊量會讓大腦來不及消化，因此**大腦才會巧妙地偷工減料**。

◎大腦會巧妙地揀選資訊

在〈掃除二〉介紹過的ＲＡＳ機制也是大腦偷懶的手段之一。

ＲＡＳ是位於大腦基部的過濾系統，大腦會利用ＲＡＳ的濾網，將當下認為不重要的資訊隔絕在外。在這裡，我們要更仔細地來看ＲＡＳ的作用，因為我們「活在過去的基礎上」這件事，與ＲＡＳ息息相關。

在人群中聽到的尋人廣播是展現ＲＡＳ作用的一個淺顯易懂的範例。

在購物中心這些人山人海的地方會播放尋人廣播，對吧？例如：「來自○○市的○○先生，您的家人在找您，請至服務櫃台，謝謝。」

廣播的聲音模糊不清，幾乎快被人聲雜沓淹沒，聽不清楚；再加上我們通常會把注意力放在購物或與他人的對話上，在大多數的情況下並不會仔細傾聽。

可是，當廣播裡的「○○市」是自己居住的城市時，就算本來正在跟別人講話，耳朵也會反射性地收到廣播的聲音。

大腦會透過ＲＡＳ的濾網，迅速隔絕與他人的對話以及人群的雜音，聽見它判斷比較重要的尋人廣播。

又或者，在美食區等待取餐食時，即使正在和別人說話，一旦店員喊到自己的號碼，身體也會反射性地做出反應。

這也是大腦為了聽見它判斷重要性較高的取餐號碼，讓ＲＡＳ隔絕對話內容的結果。

當你在家裡和家人聊天時，電視上忽然出現你有興趣的新聞，你的耳朵會精準地捕捉到新聞的聲音並轉移注意力，這也是ＲＡＳ的作用所致。

由此可見，我們會在日常生活中體驗ＲＡＳ的過濾效果。

錄音筆附有阻絕背景噪音的抗噪功能，卻無法依照內容的重要性篩選聲音；即使有一台高規格的電腦，要賦予它像ＲＡＳ一樣的功能也不是一件容易的事，ＲＡＳ是大腦內建的一種極為巧妙的資訊揀選功能。

多虧有ＲＡＳ的幫助，我們才能捕捉自己覺得重要的資訊；而且又因為它會將不重要的資訊隔絕在外，我們才不會在睡覺時被床單和衣服的摩擦聲吵得無法入眠。

但是在另一方面，我們卻**僅活在全是由ＲＡＳ篩選資訊後的世界。**

◎維持現狀的陷阱

我們活在RAS濾網過濾過的世界。前面提過，跟朋友在同一個地方，卻有不同的發現或在意的點，這是RAS的作用所致。**映在你眼中的世界，全是由你的大腦認為「重要」的事物所構成的。**

既然如此，大腦是以什麼為基準來判斷重不重要的呢？這個基準是「過去的自己」。RAS會根據自己在至今為止的人生建立起來的興趣、生活以及過去的現實，接收對這些重要的資訊，隔絕與過去的自己鮮少關聯性的資訊。

昨天前的自己判斷什麼很重要，大腦便會在今天做出相同的判斷。結果，我們眼中的世界完全是由昨天前的自己判斷重要的事物所組成的。

假設你正在咖啡廳閱讀本書。

你在咖啡廳裡看到什麼、聽到什麼、接收到哪些資訊，取決於昨天前的你曾經做過哪些判斷。

一個小時之後，你走在熙來攘往的街道上。

此時你眼裡看到、耳朵聽到以及接收到的所有資訊，也都是以昨天前的自己判斷重要的基準為依歸。

這也是當然的啊！就好比公司主管今天忽然用跟昨天前的方針完全無關的新標準決定事情，大家會覺得很困擾一樣。

儘管有可能因此開拓出有趣的新事業，但公司內部一定會先陷入一片混亂。

試圖維持現狀以保持穩定，在某種意義上來說合情合理，就跟人的體溫總是維持在36度左右是一樣的道理。

這種功能叫作「**體內恆定**」（homeostasis），作用是讓生命體維持在平穩的恆定狀態。

問題在於，讓現狀維持不變的體內恆定效果驚人，就算我們想脫離現狀也辦不到。

舉例來說，明明商場上環境瞬息萬變，有人卻只能按照從前的判斷基準，採用跟從前一樣的作法，最終自取滅亡，這也是體內恆定造成負面效果的例子。

而且，「昨天前的自己判斷什麼很重要，大腦便會在今天做出相同的判斷」，這個現象的另一個問題，在於昨天前自己認為重要的事物，大多都來自他人的灌輸。

也就是說，從今往後，人類還是會繼續以家人、公司、社會過去灌輸給自己的標準來衡量自己，繼續以過去被灌輸的基準來篩選資訊。

所以說，只要我們沒有把「過去的自己」重新歸零，腦袋裡的垃圾就會繼續如影隨形。

◎徹底捨棄「過去的自己」

「不善交友的人稍微學會了一點社交技巧」、「沉默寡言的人變得能像普通人一樣說話聊天」，在我看來，這些都不算「改變」，因為世上萬物瞬息萬變，有這種程度的變化也是很自然的。

我說的「改變自己」指的是「脫胎換骨」、「顛覆人生」般的戲劇性轉變。

看到的景色與在世界的立足點都會截然不同的巨大改變。而這種改變是有可能實現的。

如果想改變自己、改變人生、獲得打從心底渴望的事物，就必須有將「過去的自己」徹底捨棄的覺悟。

因為過去的你滿腦都是他人灌輸的標準。

這些標準都是垃圾。

讓裝滿垃圾的「過去的自己」歸零重來，

並且用自己的標準重新選擇真正想要的事物。

這才叫作「改變自己」。

很多「想改變自己」、「想變得不一樣」的人之所以不能如願以償，是因為他們雖然嘴上這麼說，卻仍不肯放下過去的自己。而不肯放下的原因在於，因為仰賴他人灌輸給自己的標準比較輕鬆，因為丟掉過去的標準很麻煩；換句話說，是因為維持現狀的體內恆定在作怪。

我再說一次。

若想度過沒有後悔的人生，就必須要有將「過去的自己」澈底捨棄的覺悟。

◎未來會創造過去

那麼，要怎麼做才能澈底捨棄「過去的自己」呢？

首先，我們要翻轉對時間的認知。

我們一般認為「時間是從過去流向現在，再從現在流向未來」。這種時間觀是基於古猶太教和基督教的思維，即「唯一真神引發了大霹靂（Big Bang），創造了宇宙，接著各種因果關係宛如撞球般接二連三地發生，直至今日」。而我們則受其影響。然而，這個時間觀真的正確嗎？它也只不過是古典的西洋標準罷了。

另一方面，阿毘達磨佛教哲學則認為「時間是從未來流向現在，再從現在流向過去」。現代分析哲學也有相同的看法，我們對這樣的時間觀表示贊同。

請你想像自己站在一條河的正中間，面對著上游的方向。

有一顆紅色的球從上游漂了過來。是否要伸手接住這顆球取決於你。假設你沒有接住這顆球。

沒過多久，又漂來了一顆藍色的球。但是藍色的球順流而下，跟你剛才有沒有接住紅色的球無關，純粹只是有一顆藍色的球漂了過來，僅此而已。也就是說，「沒接住紅色的球」這段過去，與「藍色的球漂過來」這個未來毫無因果關係，過去對未來不會造成任何影響。

就像這樣，時間是從河川上游的未來流到你所在的現在，再流向你身後的過去。

你可能會想說：「就算你這麼說，但要是我不努力，就只能考進三流大學，至今還在三流企業裡做牛做馬！」

既然如此，請你試著想想看這種情況。

你在下班回家的路上走進了一家藥妝店想購買保健食品。

但是當時櫃台前正好大排長龍。

你排隊等了一陣子，隊伍卻遲遲沒有前進，覺得麻煩的你於是把保健食品放回架上，心想「真不走運」，並且特地繞遠路到另外一家藥妝店。結果，同一種保健食品，這家店的售價竟然比剛才那家店便宜了兩成。你想著「真是太幸運了」，踩著輕快的步伐踏上歸途。

在這個例子裡，你因為第一家店排了很多人覺得「真不走運」；但是因為你想要的東西，在第二家店賣得更便宜，所以第一家店的「不走運」變成「太幸運了」，也就是「未來改變了過去」。

不是過去創造未來，而是「未來會創造過去」。仔細觀察之後，你會發現，像上述這種未來改變過去的例子，我們在日常生活都有所經驗。

◎如果未來是美好的，過去和現在也都會是美好的

「未來會創造過去」的除了自己之外，其他人亦是如此。

假設你有一個缺乏幹勁和責任感的部下，在旁人看來一無是處，根本不可能獨當一面。**不過，這是因為他們是以「未來在過去的延長線上」為前提在看著他。**

而且，就像我在〈掃除二〉解釋過的，我們只看得見自己重視、自己想看的事物。要是抱著「他很沒用」的偏見看不起他，自然就只看得到他沒用的地方。

此外，和我們在「回想並畫出昨天見過的人」的例子所看到的一樣，即便我們以為自

己有認真在看，其實也只是單純的「以為」而已。我們對他人的印象也不過是被侷限在「他是這種人」的基於過去信念的記憶，所以就算部下有某些優點，也很有可能被直接忽略。

如果希望他能有所成長，首先，你必須意識到自己是「在過去的基礎上與他相處」，並做出調整，改用「未來會創造過去」的觀點來看他。

「部下成功脫胎換骨，變成一名出色員工」，從這樣的未來著眼，他的過去就會變成「正因為有那段一無是處的時期，他才會有如此大幅度的進步與成長」。若從「美好未來」反推，**無論現在和過去是好是壞，都成了創造「美好未來」的必要條件。**

「時間從未來流向過去。」

「過去不會對自己的未來造成影響。」

「未來會創造過去。」

「只要深信未來是美好的，過去和現在也都會是美好的。」

這是萬人適用的時間原則。

唯有將這個原則融會貫通，據此理解時間的人，才能脫離過去和現在的桎梏，創造出理想的未來。

◎在「想輕鬆自在」和「想有所改變」的夾縫之間

只要站在基於未來的時間觀上利用體內恆定，就可以將過去的自己重新歸零，讓自己脫胎換骨。

一如前述，體內恆定是使生命體維持在恆定狀態的功能，人類的這個功能不僅會保持體溫等物理空間的生命恆定，還會對資訊空間產生作用。

譬如我們在看動作片時，心臟會撲通狂跳、手心會涔涔冒汗，但人物之間打打殺殺或發生爆炸的地方並不是物理空間，而是名為「電影」的資訊空間。即使如此，我們依舊會心悸或流汗，這是因為體內恆定也會對資訊空間發揮作用。

「我很怕生，不擅長應付初次見面的人。」這麼想的人在第一次見到的人面前緊張得心跳加速，是體內恆定在對「我很怕生」這個資訊產生反應；而自認「我很受歡迎」的男性，一發現符合喜好的女性，就無法不上前搭訕對方，這同樣也是體內恆定在對「我很受歡迎」產生反應。

我們會無意識地停留在「自己感到輕鬆自在的範圍」。覺得「自己從以前就是個不起眼的土包子」的人，會不自覺地低調行動，一旦引發關注，強大的體內恆定便會發揮作用，使他冷汗直流，下意識地逃離現場。因為對他來說，「不起眼」是「他感到輕鬆自在的範圍」。

這種範圍叫「舒適圈」（comfort zone）。

舒適圈堅不可摧，體內恆定強而有力。為了將你留在「能感到輕鬆自在」的舒適圈，強大的體內恆定會發揮功能。縱使你希望能「改變自己」，把「我可以改變」掛在嘴邊，體內恆定也會限制你的思考和行動，讓你無法從既有的舒適圈踏出一步。人類之所以想改變卻無法如願，原因就出在舒適圈和體內恆定。

不過，我們也可以反過來利用體內恆定。

◎「自己」是可以更新的「資訊」

認為「自己很怕生」的人，遇到陌生人會十分緊張。

他從過去的經驗裡，建立了「遇到人會緊張」的體內恆定回饋，而這個負回饋為了讓他放鬆心情、保持穩定，會讓他過著盡量不與人接觸的生活。

相信「自己很受歡迎」的人，從過去的經驗裡建立了「喜歡便攻無不克」的體內恆定回饋，這個正回饋使他能鮮明地想像出自己順利攻陷對方的樣子，並勇敢地採取行動。

換言之，你的思考和行動會因為體內恆定回饋的正負而大幅改變。人類的思考和行動隨時受到體內恆定回饋的影響，將回饋轉往好的方向才有辦法「改變自己」。

一個人的大腦和內心所認知的一切是他的世界。我將每個人的大腦和內心所認知的所有事物稱為「內在表現」。內在表現也包含我們自己。我們每個人都是自身內在表現的居民。

一個人的內在表現是如何成立的呢？答案是與他人之間的關聯性。請你回想〈掃除二〉的內容。「自己」既沒有物理上的實體，也並非獨立的個體，而是資訊網上的一個點。

「資訊」就跟電腦硬碟裡的資料一樣，可以無限次地改寫更新。

改變體內恆定回饋的詳細內容將在〈掃除六〉進行說明。在那之前，下一個階段，我們要討論從這個瞬間開始，你可以改變、也必須改變的事物。

在這個步驟，請你了解「無論過去的自己是什麼樣子，我們都能夠隨心所欲地創造未來的自己」。

拋開基於過去的觀點，切換成著眼未來的觀點。抱持「自己的未來無限美好」的想法活著的人，他們過去和現在的自己也都會是美好的。

✕ 三個煩惱的答案

過去不會影響未來。
倘若真的有心想改變，那就丟掉「過去的自己」吧！
這麼一來，無論是誰，都能創造出自己冀望的未來。

掃除三的重點

- 我們眼中的世界全都是由昨天前的自己判斷的重要資訊構築而成的。
- 無法改變是因為體內恆定將你留在舒適圈。
- 但只要有意識地介入體內恆定，調整回饋方向，每個人都可以脫胎換骨。
- 時間從未來流向過去。我們可以拋開「過去的自己」，成為「理想的自己」！

掃除四

對自己沒有自信……
丟掉「負面的自我印象」

這個月的業績又是部門裡的最後一名。我搞不好永遠都爬不上去了……

雖然心一橫辭了工作，但現在正值經濟不景氣的就職冰河期，我沒有證照也沒有專業技能，以後真的沒問題嗎？

老闆要我想出一個會賺錢的企畫，到底該怎麼辦啊？我想得到的內容都已經有別人在做了，好企畫怎麼可能隨隨便便就想得到啊！

將貫穿這三個煩惱的腦內垃圾清空的「控制言語」該怎麼做？

◎世界是由言語組成的

「過去不會影響未來。」

「自己可以有所改變。」

對此深信不疑，逐漸成為「理想的自己」，其中的重點在於**控制言語**。

這是因為我們生活的空間其實是用言語組成的。不論是法律或經濟，構成我們生活的所有事物，大多都是由言語組成。

譬如我們在開車時看到紅燈要停下來，是因為有《道路交通法》，而《道路交通法》只不過是言語文字的排列組合，這些言語的集合體管控著我們的交通。

自己持有的某支股票上漲時便欣喜若狂，下跌時便憂心忡忡，但並不是有一綑、一綑的鈔票在我們眼前增增減減，股票和股價也是言語空間裡的概念。

舉例來說，假設衍生性金融商品（衍生自股票、債券、利息及外匯等基礎資產金融商品，如提前交易未來的交易權利等等，交易的種類五花八門）之一的CDS（credit default swap，信用違約交換）總名目本金為七千兆日圓，但這七千兆並不存在於現實世界的任何地方，不過是在制定衍生性金融商品的算式時決定好的名目本金總共是七千兆而已。這個數字僅存在於算式當中。

用外匯來舉例應該會更好理解。日本的外匯槓桿自二〇一一年八月起從五十倍變成二十五倍，若交易成本是一萬日圓，代表最多能交易到二十五萬日圓的名目本金。但是多出來二十四萬日圓實際上並不存在，只是就外匯規則來說，「可以當作有這些錢」而已。

由此可見，在如今的金錢世界，各國印出來的實體鈔票只占了流動金錢的一小部分，絕大多數都是沒印出來的錢。那這些錢在哪裡呢？答案是存在於言語空間。

同理，土地對不動產業者來說存在於《宅地建物取引法》及稅法之中；宇宙對物理學家來說也是言語空間，因為大霹靂和微中子全都是波動方程式的文字記述。

◎言語造就的惡性循環

綜上所述，我們活在言語空間。

從宇宙的形成到電視廣告的標語都是言語，我們每分每秒都沉浸在言語當中，而緊緊包圍著我們的言語總是片刻不停地在對我們進行灌輸。

像是「你不買這個嗎？買了心情會變好喔！」、「偶爾也要在時髦的餐廳吃美食呀！」、「給自己一點獎勵嘛！」、「要是不抱緊公司的大腿，人生可是會翻船的唷！」、「就算討厭工作也要忍著賺錢，不然是無法獲得幸福的喔！」等等。

換句話說，**腦袋裡的千頭萬緒可說是由言語構成的**，腦袋垃圾也是存在於言語空間之中。不過，這裡的重點在於，對我們進行灌輸、製造腦內垃圾的不光只有他人，**我們本身也會每天對自己灌輸、量產煩惱。**

我們隨時都在腦中和自己對話。

例如「好不想去公司喔——！」、「這個大叔搞屁啊！超不爽的！」、「那種事怎麼可能辦得到啦！」、「真沒勁。」、「好想回家睡覺。」、「不要慢吞吞的，動作快一點啦！」

既有這種負面的內容，也有像「好耶！」、「啊，太好了，鬆了一口氣。」、「果然○○人很好。」、「謝謝！」、「還好我有努力！」、「好美的夕陽喔！」等正面的自我對話。

但實際上，負面的自我對話壓倒性地多。

因為大多數人的自我印象都傾向於不好的一面。

自我評價越低，「辦不到」、「不想做」、「想辭職」、「想鬼混」等負面的自我對話就越多。

例如自我印象是「我很怕生，不擅長說話」的人，會在開會前想著「真不想去開會」；不得不在人前說話時，則會在心裡對自己說「又要丟人現眼了」等負面的話。

覺得「自己很不起眼」的人，就算遇到喜歡的類型，也會產生「他不會對我有興趣」、「他只是禮貌性地對我笑而已」等負面想法。

如果覺得「自己能力很差」的話，當然從一早起床就在心裡吶喊「不想去上班」。

自我印象是負面的人，自我對話也會變得負面，並陷入「負面的自我對話讓自我評價變得更差」的惡性循環。其實有很多人都因為自我對話而陷入這個惡性循環而無法自拔。

◎人會做出符合自我印象的行動

那麼，你的自我評價當初是怎麼建立的呢？

畢竟都叫「自我評價」了，你可能會以為建立的人是我們自己，但並非如此。**你的自我評價是用從小到大別人對你說過的話建立而成。**

首先是父母。「膽子小」、「長相差」、「身體不好」、「沒有毅力」、「抗壓性低」，聽著父母的這些話長大，會強化「自己就是這種人」的自我印象，並實際長成這樣的大人。

「雖然你沒有運動細胞又笨手笨腳，可是頭腦不錯，應該要好好讀書。」聽著這種話長大的人，也許可以從一流大學進入一流企業，但只要在頭腦方面遭遇挫折，哪怕只有一次，也可能會被澈底擊垮，一蹶不振。

父母之後是學校老師，然後是前輩和朋友，各種不同人說過的話，會在我們的人生中帶來巨大的影響。

有的人因為小學時的作文被老師誇獎，於是持續寫作，最後成了作家。他人的話對這個人造成了正向影響，使他成功建立了正面的自我印象。

但實際上，**從其他人那裡聽到的話，更常讓當事人的自我評價往低處移動。**

即使是希望孩子幸福快樂的父母，說過的話導致孩子降低自我評價的情況仍壓倒性地多。請你回想自己從小到大的經驗。比起收到稱讚，是不是更常被罵？比起能力或魅力受到肯定，是不是更常聽到「還不夠好，再加油」，迫使你繼續努力？就這樣，隨著年齡的增長，認為「自己就是一無可取」的負面自我印象會日益加深。

不論自我印象是好是壞，我們的思考和行動都會以它為歸依。就像前面說過的一樣，如果自我印象是「我很怕生」，就會不想跟不認識的人見面，身體也會做出與之相符的反應，像是在出門前肚子痛或發燒等等。就算勉為其難地出席了會議，也會緊張到不停手抖、聲音打顫或沒辦法好好說話，體內恆定會對自我印象發揮作用。自我印象就是如此強力地約束著我們的思考和行動。

抱持負面的自我印象就像是被一條看不見的繩索綁在原地。無論你多渴望改變，體內恆定依舊會照著負面的自我印象發揮作用，使你做出負面的思考和行動。

由此可見，只要不從根本改變自我印象，人就無法改變自己負面的自我印象。

這就是我們在這個步驟要丟掉的腦內垃圾。而為了丟掉負面的自我印象，言語的控制極為重要。

◎別回想失敗的經驗

我們每天都會透過自我對話來進一步鞏固自我印象。**包含說出口的和心裡想的，據說我們一天會用一百句話來定義自己。**例如「因為我很怕生」、「因為我口才不好」、「因為我體力很差」、「因為我很粗心」、「因為我缺乏毅力」、「因為我討厭煮飯」等等。

這些自我對話的出處是自我印象；出自自我印象的自我對話，會加深自我印象和**信念系統（belief system）**。

信念系統指的是思考和行動會根據源於自我印象的信念（belief）決定。照著自我印象跟自己對話，自我印象和信念系統會越發穩固。就這樣，我們被言語緊緊地束縛著。

「自己是個○○的人」，這種信念是由「言語」、「印象」和「情動（情感）記憶」三個要素組成的。

例如在回想被上司臭罵的情況時，在與自己對話，覺得「那個時候真的好慘」的瞬間，當時「被罵的自己」（印象）與「難堪」（情感記憶）一定會一齊湧現。

此時，大腦會出現跟再次經歷失敗一樣的臨場感，也就是會有彷彿實際置身事發現場般的鮮明感受。

因此，儘管有些人總是忍不住回想失敗經驗，但這種習慣絕對要改。這麼做百害而無一利。**反芻失敗經驗會在腦袋裡製造垃圾。**

就算某件不好的事情實際上只發生過一次，要是抓著這件事不放，重複負面的自我對話，大腦就會像是經歷過好幾次一樣的事，強化「我很沒用」的信念。

假設有一個人垂頭喪氣地想著：「我這個月的業績又是部門裡的最後一名，該怎麼往上爬啊？」這個人的腦袋裡一定塞滿「部門裡業績最差的自己」這段過去的記憶。失敗的記憶會強化他的信念系統，使他認為「自己是個無法提高業績的爛員工」，沒辦法往上爬。

那麼，要怎麼做才能改變已經定型在負面的信念系統呢？

◎正面的自我對話極為重要

首先，我們先統整一下目前為止的內容。

・感到心煩意亂的「過去的自己」是由他人灌輸的價值觀構成的。
・他人灌輸的價值觀是由言語構成的。
・言語灌輸會塑造負面的自我印象。
・這種自我印象會產生負面的自我對話。
・負面的自我對話會鞏固負面的信念系統。

也就是說，由他人灌輸的價值觀所構成的「過去的自己」生於言語並受制於言語，因此若想讓「過去的自己」重新歸零，可以從言語開始著手。

我們每天都會進行無數次的自我對話，這些對話擁有和反覆經歷失敗一樣大的影響力。

自我對話的內容之所以以負面居多，一如我們在「責罵多於誇獎」所了解到的，因為來自他人的話語大多是負面的，才會因此形成負面的自我印象；這點從腦功能科學的觀點來看也是非常自然的結果。

因為人類會從失敗中學習。為了維持生命安全，不重蹈覆轍，大腦會深深記住失敗的經驗。與好的記憶相比，我們天生就會對不好的記憶有更深刻的印象。

不過，只要善用言語和印象，信念系統是可以被改變的。要是放著不管，記憶、自我印象和自我對話都會朝負面發展，故我們需要有意識地與自己進行正面的對話。

失敗時，我們會反射性地對自己說「糟了！」、「爛透了！」這會強化「自己是個失敗廢物」的自我印象，降低自我評價。

每個人都有失敗的時候。因為失敗才會學習成長。但若對失敗耿耿於懷、降低自我評價，就有可能帶來不好的效果。

因此，認知到「失敗」的事實，卻不因此降低自我評價無比重要。失敗時，不要想「糟了！」、「爛透了！」、「就是因為我很沒用才會失敗！」只要想著「真不像我自己」就可以了。保持高度的自我評價，同時心想：「這真不像我會做的事，不可以再犯了喔！」

這個方法也可以直接套用在對別人說的話。

只要對失敗的人說：「這不像你喔！你其實可以做得更好！」對方便能在不降低自我評價的情況下從失敗中學習。「你之前不是犯過一樣的錯了嗎！」生氣大罵這種話是最糟糕的作法。聽到這句話的人會伴隨著由「言語」、「情景」和「情感」三個元素組成的強烈臨場感回想起上次的失敗經驗，使自我印象固定在「失敗的廢物」，而且根據這種自我印象重蹈覆轍的危險性也會提高。如果你想栽培部下的話，當他失敗時，你應該告訴他：「這不像你喔！你其實可以做得更好！」

◎高效能的人腦中沒有垃圾

對自身能力的評價稱為**「自我效能」**（efficacy）。自我效能高，認為「自己有行動力和創造力」的人，與自我效能低，認為「自己沒有行動力也沒有創造力」的人，即使實際上能力相當，表現出來的成果也會有天壤之別。**因為自我效能會改變體內恆定的作用方向。**

擁有高自我效能，覺得「自己有行動力和創造力」的人，體內恆定會往「發揮超凡行動力與創造力」的方向回饋，並自然而然地發揮出這些能力。

相反地，覺得「自己沒有行動力也沒有創造力」的人，體內恆定會朝著「無法採取行動也想不出點子」的負面方向回饋，並且真的造成這樣的結果。

此外，人類只會意識到自己覺得重要的資訊。

如同〈步驟二〉所述，和朋友一起到某人家中作客時，你們看見的東西會有所不同。你看到了高爾夫球桿，但朋友卻沒有發現；朋友看到了牆上的畫，但那幅畫甚至沒在你的記憶裡留下痕跡。

換句話說，我們會無意識地產生盲點，這個盲點叫作**「心理盲點」（scotoma）**。

心理盲點也會因為自我效能發生變化。覺得「自己沒有行動力和創造力」，自我效能很低的人，就算上司要他提出一個好企畫，想出好企畫的流程與構想也都會變成心理盲點藏起來，使其無法想出很棒的企畫。另一方面，覺得「自己有行動力和創造力」，自我效能很高的人，「好企畫都被別人寫走」、「沒時間」或「賺錢的企畫不可多得」這些「想不出好企畫的理由」，則會藏在心理盲點裡看不見。

簡單來說，自我效能低的人看不到「成功的途徑」，所以腦袋裡惱人的垃圾才會越來越多。

反之，自我效能高的人則看不到「無法成功的理由」。**他們的腦袋裡沒有製造垃圾的空間，根本無暇煩惱焦慮。自我效能高的人腦中既沒有垃圾，也沒有「不可能」。**

由此可見，擁有高自我效能是清除腦內垃圾、奔向真正目標的必要條件之一。

「雖然一鼓作氣辭了工作，但在這個經濟不景氣的就職冰河期，沒有證照也沒有專業技能的我，以後真的沒問題嗎？」

有這種擔憂的人，代表他主動降低了的自我效能。在決定辭職的那個當下，他的自我效能一定很高，可是真的辭職後，他反而變得沒有把握，無法維持自我效能。

該如何讓自我效能維持在高點？答案是**規定在自我對話時，不能說負面的話，而是要說正面話語。**以前面的例子來說，「經濟不景氣」、「沒有證照」和「以後真的沒問題嗎」都必須打叉。要養成在退縮或失敗時，告訴自己「這不像我（你），我（你）可以做得更好」的習慣。

另一方面，事情進行得很順利或發生好事時，可以告訴自己「這真像我會做的事！」、「這是當然的！」因為這是按照高自我評價、正面的自我印象與高自我效能取得的成功，所以順利是「理所當然的」。

當自我評價和自我印象因為正面的自我對話而發生改變時，舒適圈也會隨之改變，從低處移動到高處。**如此一來，體內恆定便會朝「我辦得到」、「思緒隨時都很清晰」這種高等級的舒適圈發揮作用。**

也就是說，只要把自我對話改成正面的內容，就會開啟好的循環，在體內恆定作用下，自然地成為厲害的自己。

◎別人只看到你的過去

可是，就算這樣改掉對自己說負面的話的習慣，別人的言語灌輸還是會持續進行。

若不斷重複聽到他人的意見並採納之，會產生與自我對話相當的效果。即使這些聽到耳朵長繭的意見，有別於事實或自我認知，你也會告訴自己「的確有可能是這麼一回事」，改寫你的自我印象。

聽別人說話時，我們和自己對話的速度是對方的三倍，並且在對方說完之後變成六倍。與他人對話會觸發大量的自我對話。如果對方的意見是負面的，便會產生大量且負面的自我對話，對自我印象造成劇烈影響。

舉例來說，萬一上司在重要的會談前對你說：「你不擅長表達自己的意見，要多注意一點。」過去那個「無法表達己見、畏畏縮縮的自己」就會透過言語、印象和情動記憶浮現，害你更沒辦法闡述己見。假如他說的是「你意外是個在該說的時候大聲說出來的人耶。」你便能在重要的場合勇敢發言。因為過去那個「在該說的時候大聲說」的自我印象會重新湧現，使你做出與之相符的行動。

由此可見，別人說的話會對我們造成巨大的影響。

有些是無心之言或說話不經大腦，有些則是出自善意的一句話。

但是，無論說話者的意圖為何，只要是來自他人的意見，全都有一個共通點，**那就是「對你說話的人，皆是基於『昨天前的你』這段過去在說話」**。

要說是什麼構成了昨天前的你，答案是來自他人的灌輸，是無關乎你「其實想這麼做」、「其實想變成這樣」這些真正心願的話語──即價值觀。因為對你「其實想變成這樣」的心願來說毫無意義，用一句話來說，這些都是「垃圾」。其他人正是以這些垃圾為基準在向你表達意見。

也就是說，無論他人的意見為何，對於「想讓過去充滿煩惱的自己脫胎換骨」的你而言，終究是造成煩惱的根源，終究都是垃圾。因為他們只看著你想改變的過去對你說話。因為他們只看著你的過去就想決定你的未來。因為他們企圖根據你過往的低自我評價設計了你的未來藍圖。

◎以自己為依歸

若想做著自己真正想做的事情過一輩子，就必須維持很高的自我效能。

為了達到這個目的，你需要有無論誰說了什麼都不為所動的高自我評價及自我效能。

然而，不論是出於善意或惡意，其他人都會對此加以攻擊。

降低你的自我評價的人是「夢想終結者」（dream killer）。

夢想終結者無所不在。

如果你有發自內心渴望的目標，把它說給其他人聽，一定會有人用「你辦得到嗎？」、「你活得下去嗎？」、「雖然我很想支持你，可是也很擔心你。」等話語打擊你的夢想，降低你的自我評價。

擊退夢想終結者最好的辦法，是不要把夢想告訴別人。釋迦牟尼說：「自依歸，自明燈」，意思是**「以自己為依歸」**。以「此時此刻的自己」為依歸，自己決定自我評價和自我效能。

從今以後，你必須選擇要對哪些人的話側耳傾聽、對哪些人的話充耳不聞。

把「理想的自己」當作目標，以此為基準，篩選別人所說的話，即使聽進去也不要對自己說負面的話。當然，媒體灌輸給你的資訊也要以「理想的自己」和「想做的事」為基準進行篩選。「未來的自己想變成這樣」，對這個目標有意義的意見、資訊和事物便拾起採納，對未來的自己沒意義的資訊便留在原地。「自己未來期望的模樣」以及「發自內心渴望的目標」，與這些無關的資訊都是垃圾。

而且千萬別忘了，最大的夢想終結者是你自己。負面的自我對話會增加腦袋裡的垃圾，擊潰你的夢想，是最大的夢想終結者。

若能把自我對話的內容從負面轉到正面，便能提升自我評價，使自我印象和信念往好的方向改變，維持很高的自我效能，並逐漸蛻變成有能力實現人生目標的自己。

像這樣讓「過去的自己」歸零重來之後，我們要在下一個步驟塑造你「真正理想中的自己」。

✕ 三個煩惱的答案

停止負面的自我對話，丟掉「負面的自我印象」。
這樣才能維持很高的自我效能。

◎ 掃除四的重點

- 人在自我對話時，負面的內容壓倒性地多。
- 以自我印象為準的信念會規範思考和行動。
- 但是，我們可以把過去的信念變成積極正向的自我對話，提升自我效能。
- 自我效能高的人腦中沒有垃圾。

掃除五

為了成為「理想的自己」，
首先請先丟掉「忍耐」

”

現在的工作和職場不適合我。話雖如此，我也沒有特別想從事的工作……

每天在心裡想著「不想上班」去公司，想著「不想工作」處理業務。我的人生不應該是這樣的啊……

我的業績還不錯，這個月在部門裡也有第二名。可是有個討人厭的客戶，總是提出無理的要求，我只能一忍再忍。真不想再看到那些人。

不用忍也沒關係！

只要丟掉「忍耐」，你會……。

◎忍耐很「危險」

讀到這裡，你應該已經了解，腦袋裡總是亂糟糟、不痛快的原因，注意力無法持久的原因，創造力和生產力不能提升的原因，全都是因為「你在做自己不想做的事」了吧？因為忍耐著做不想做的事，幹勁才維持不久，表現也沒有起色。因為你一輩子都在做**「不得不做的事」（HAVE TO）**，而不是「想做的事」（WANT TO），所以腦袋才會每天焦慮不堪。

可是，有些人可能會想：

「長大以後，有些事就算不想做也得硬著頭皮做。『人可以一輩子只做自己想做的事』，這些話的都是騙人的。」

就好比在公司上班，一定會有很多不是你「想做」，而是「不得不做」的工作。但不論是讀書還是工作，長期處在「被迫」的狀態下是很危險的。

這是因為「不想做但不得不做」、「不忍耐就活不下去」，這些想法會對你的**自我肯定（self esteem）**造成重傷。

在〈掃除四〉提到的「自我效能」是對自身能力的評價，而「self esteem」——直譯成中文是**「自我尊重」**——的意思則是**對自身存在的自我評價**。

「被逼」、「被強迫」的感覺會傷害你的自我肯定，使你的潛在能力大幅減弱。

因為「被迫的感覺」會不著痕跡地灌輸你：「你沒有選擇的餘地，因為你是個無足輕重的人」。

「你是個無足輕重的人嗎？」

要是有人這麼問，就算你表面上故作謙虛地回答：

「或許是吧。」

內心一定還是會大聲否定：

「不，我才不是無足輕重！」

傾聽自己內心的聲音是很重要的。

「被迫的感覺」會對無意識灌輸「你沒有選擇的餘地，因為你是個無足輕重的人」，這種念頭會一點、一點，但確實並狠狠地將你的自我評價破壞殆盡。

◎「被迫的感覺」會降低表現

因為「被迫」而做出某種行動時，你一定對自己說「我不得不……」或「我也沒辦法」之類的話，諸如「我其實不想做，但不做會被罵」、「不做會被開除」、「不做就活不下去，所以我也沒辦法」等等。

這種由外部造成的恐懼變成動機的情況稱為「強制動機」，有別於自主產生的「建設動機」。

當行動建立在「被迫的感覺」和「強制動機」上時，我們絕對不可能會有出類拔萃的表現，這是由於你對自己說的「因為沒辦法，所以我必須……」，會使無意識對現況做出抵抗。

舉個例子，假如你告訴自己「這個月還必須完成十件登門推銷」，無意識會試圖幫你實現你真正的心願，也就是「我不想做」，而你首先會得到的結果便是工作效率的降低。

接著，你會找到不能去登門推銷的藉口。

例如累積已久的事務性工作占用了你大半的時間、部門裡的同事突然請你幫忙處理急件，或是得了重感冒沒辦法法工作等等。

這些都是「不想做」的無意識造成的結果。

當你心裡想著「不想做」，卻在強制動機的驅使下工作時，你會慢慢變得無法工作，並因此讓腦袋裡的煩惱更多、壓力更大。

由此可見，「不得不」（HAVE TO）無論從自我肯定的觀點還是從動機的觀點來看，都不會為我們帶來任何好的影響。**「忍耐」是讓腦袋裡充滿煩憂與降低生產力的一大主因。**

◎「HAVE TO」會降低組織整體的能力

請你想想自己的同事，應該有不少人每天都是在「被迫」和忍耐下工作的吧！

請你想像一下他們腦中的想法。

「人生就是不斷忍耐。」

「做著不想做的事並咬牙苦撐，人才能夠有所成長。」

「大人就是這麼一回事。」

這種想法成了現在的「常識」，搞不好你也曾經從上司口中聽過類似的話。

可是，真是如此嗎？做了不想做的事，人就能有所成長嗎？

雖然答案會因「成長」的定義而異，但若將成長認為是「使人發揮出最大潛力的過程」，**「做不想做的事情才能有所成長」就成了瀰天大謊。**我們無法靠強制動機提高表現，就像前面說過的一樣。

假如有人告訴你「人要忍耐才會成長」，是因為那個人正做著自己不想做的事，為此浪費了大半人生。他只是把自己充滿忍耐的人生標準強加在你身上而已。

請你想想自己的公司。

你覺得要是大多數員工都在勉強自己做著不想做的事，組織整體的表現會好嗎？

就日本的組織來看，感覺每個人好像都在說：「不想做的事我會勉為其難地做，但是責任不歸我管喔！」

日本的組織被批評「責任歸屬不明確」的原因之一，是「忍耐但不負責」的想法變成了「常識」。

也就是「忍著低薪在做，怎麼可能連責任都要我擔」的心態。

每個人都工作得很勉強，沒有人願意承擔責任，這樣組織整體的表現變差也是理所當然的。「不得不」（HAVE TO）不僅會影響個人，當然也會降低組織整體的表現。

◎「不做不想做的事」的思考實驗

一邊忍著做「不想做但不得不做的事」，卻又把「好想讓頭腦恢復清爽，提高在讀書或工作上的表現」掛在嘴邊，這簡直就是在癡人說夢。

唯有在做著想做的事，才能提神醒腦、提升表現並激發潛能。

然而，絕大多數的人卻不習慣用「想不想做」來判斷或選擇自己的行動。「雖然不想做，但是沒辦法，只好乖乖做」，這樣的想法已經不知不覺在無意識成為常態，許多人根本搞不清楚自己「想做什麼」或「不想做什麼」。

此外，明知自己不想工作或維持麻煩的人際關係，卻又覺得不可能馬上就撒手不做，應該也有很多人是這樣吧！

有這種想法的人，請你們試試以下的思考實驗。

①首先，請寫下你「不想做的事」。數量為5～10個，想繼續寫的人可以多寫沒關係。內容不拘，關於家庭或工作上的事都可以。

②接著，請從「不想做的事」清單選出一件你最不想做的事。

③然後試試看不做這件事——若能果斷執行最好，但很多人會猶豫不決，所以我才要請你先在思考實驗裡「試著不做」你最不想做的事。

如果你每天都想著「不想去」地走進公司，想著「不想做」地處理工作，請問這家公司是憑什麼好處讓你必須這樣忍耐的呢？

首先請用①和②找到「不想做的事」。如此一來，在大部分的情況，即使原本以為不想做的事情多如牛毛，實際上則會縮減成一到數個造成忍耐的源頭，光是這樣就能稍微減輕腦袋裡的煩惱。

接著再用步驟③思考「不做會怎樣」、「該怎麼不做」。

舉個例子，假如「有一個態度很差的客戶，我再也不想跟他們來往！」是你最大的忍耐源頭的話，不和對方來往會發生什麼事呢？

假設該客戶占了目標營業額的25%，不和對方來往會讓你的營業額減少四分之一。

既然如此，可以從其他客戶那裡填補這四分之一的空缺嗎？

是否可以開發新客戶？就算很難一下子補回25%，以一間公司5%來算，譬如從兩家舊客戶那裡增加10%，再開發三家新客戶增加15%，總共25%，這樣就能和討厭的客戶一刀兩斷。這個決定還會帶來充滿魅力的額外收穫，即拓展潛藏在既有交易裡的可能性以及開發新客戶。

或許也可以透過業務改革的降低成本（cost down），彌補相當於25%營業額的金額，使正負相抵等於零。這樣或許還能在降低成本的領域研究出興趣，讓你的業務改革在公司裡大受好評也說不定。

◎不忍耐其實沒關係

按照前面的步驟試過「不做不想做的事」的思考實驗之後，你會發現，其實不做也沒什麼大不了。這不管用什麼事情來實驗都會得到一樣的結果。

覺得現在的職場不適合自己的人，也可以將在職場不想做的事情一一列出，在思考實驗裡試著不做之後，你會意外地發現不做也沒關係。假設你因為人際關係錯綜複雜，每天都要跟同一群人吃午餐而感到憂鬱的話，請果斷停止這個行為，改成自己一個人吃午餐——我要請你在在思考實驗裡做這件事。

如此一來，你會發現，你以為「不想做但不得不做」的事情，其實「不做也沒關係」。就算實際在午休時間獨處，身邊的人也會很快習慣，不會造成任何問題。體驗「不做不想做的事」的思考實驗，會讓我們意識到自己在工作或生活中，有非常多「做得勉為其難，但其實可以不做的事」。

這是因為**「忍著做不想做的事」是你的舒適圈，「不做也沒關係」則藏在心理盲點看不見。**

在前面的例子當中，舒適圈是「忍著和討厭的客戶來往」，因此「和討厭的客戶斷絕來往會拓展與其他客戶的交易」，這樣的可能性便會藏在心理盲點裡看不見。我們透過這個思考實驗移動舒適圈和心理盲點，才看見了過去看不到的可能性。

從思考實驗了解「不做也沒關係」之後，我們要嘗試把實驗內容化為實際行動，這樣舒適圈就會再次調整，讓你看見全新的可能性。

為了成為「理想的自己」，
首先請先丟掉「忍耐」

✕ 三個煩惱的答案

試著下定決心不做不想做的事。
只要丟掉「忍耐」，
就能看見全新的可能性。

◎ 掃除五的重點

- 「被迫的感覺」會對無意識灌輸「自己無足輕重」的想法，非常危險。
- 出於強制動機的行動絕對不可能讓表現變好。
- 透過思考實驗，你會發現，不做不想做的事情其實沒有關係。
- 因為「忍著做不想做的事」是你的舒適圈，「不做也沒關係」便會藏進心理盲點。

掃除六

不知道自己想做什麼……
丟掉「自我中心」

”

我想辭職創業，但太太不能理解我的想法，每次提起這件事都會遭到她的強烈反對，最後吵得不可開交。畢竟孩子還小，我大概沒辦法說服她吧……

我想做的事情是什麼呢？目前上班生活的日後發展可想而知，真無聊。好想找到能讓我全心投入的事情喔！

我正在構思新的事業計畫，卻一直找不到會成功的商業模式。

為了解決這些煩惱，
你必須擁有的「某樣東西」是什麼？

◎把「HAVE TO」變成「WANT TO」的祕訣

我在上一個步驟說到要丟掉「HAVE TO」和「忍耐」，聰明的讀者應該會在這裡發現兩個問題。

第一個問題是，有些人「不想做的事」是目前的工作內容或現在待的公司。

他們不做這些事情之後，該何去何從呢？

丟掉該丟的東西之後，我們要用自己的標準重新選擇真正需要的事物。

可是，該怎麼做才不會重蹈覆轍？**該怎麼做，大腦才不會再出現垃圾，讓自己脫胎換骨呢？**

另一個問題是，只要還有「一定要丟掉腦內垃圾」的想法，這就仍然是「HAVE TO」。

掃除一是**「情緒」**，

掃除二是**「他人灌輸的價值觀」**，

掃除三是**「過去的自己」**，

掃除四是**「負面的自我印象」**，

掃除五則是「HAVE TO」。

到目前為止，我說明斷捨離以上腦內垃圾的方法。

可是，只要你還想著「一定要丟」，有意識地努力清除這些垃圾，就無法真正地丟掉他們。

因為這件事情還處在「不得不」（HAVE TO）的階段。

唯有在「HAVE TO」變成「WANT TO」之後，我們才能真正清空腦袋裡的垃圾，做自己想做的事，成為「理想的自己」。

譬如在〈掃除四〉提到的「高自我評價」和「正面的自我對話」，假如你沒有設定未來的目標，而是想著「一定要對自己說正面的話」、「一定要提高自我評價」，你應該會備感壓力，因為你在扮演著有違本性的自己。

不過，要是有設定「將來想變成什麼樣子」的目標，朝著目標改變你的自我印象，這些就單純成了「你想做」所以才做的事。沒有一件是「HAVE TO」，全部都是「WANT TO」。

只要設定目標以及正確的舒適圈，「不得不做的事」會藏進心理盲點，看得到的一切都會變成「想做的事」。不存在任何壓力，身心靈完全放鬆。而且腦袋裡的千頭萬緒也會消失，得以發揮出優異的表現。

●為了在丟掉該丟的東西之後，以自己的標準重新選擇真正需要的事物。
●為了不要「因為不得不丟而丟」，把所有事情都變成「WANT TO」。

以上兩個「為了」的共通點是必須設定目標。

設定目標，讓體內恆定朝著目標發揮作用，這樣即使不特別努力，也能自然做到前幾個步驟所列舉的各種「丟掉腦內垃圾」的行動。

而且設定好目標之後，**所有對目標不必要的事物都會變成應該丟棄的垃圾。**你只要在把該丟的垃圾丟光以後，選擇對自身目標有意義的事物。

◎自我中心的真心話不能被當成人生目標

設定目標的基礎一如我在〈掃除二〉所說，是「不要因為愛面子而隱藏真正的想法」。

舉例來說，假如你真正的理想是「獲得很高的社會地位，擁有人人稱羨的公司、房子或名人朋友，盡情享受他人的阿諛奉承」，並且想為了達成這個目標成為大老闆的話，這樣也無所謂。千萬不能隱藏你的真心話。

為什麼不能隱藏真心話呢？

首先，因為你的真心話無疑是你的「WANT TO」。

和你在上一個步驟讀到的一樣，我們只有靠「WANT TO」才能發揮良好的表現。

其次是因為隱藏真心話證明你很在意他人的目光。

你將他人的標準套用在自己身上，認為「這些真心話會招來其他人的白眼」。掩蓋真心話代表你尚未擺脫他人的標準。

不過，我也不是要你把真心話公諸於世。

所謂「不要隱藏真心話」的意思是**只在心裡解放自己最真實的想法即可。**

不欺騙自己，不在意世俗的看法或他人的眼光，讓自己真正的心願在腦中恣意膨脹，跟隨自己的真心而活，而不是仰賴他人的標準。

然而，若要論能不能直接把真心話當成目標，在大部分的情況下，答案都是不能。

因為多數人的真心話抽象度極低又自我中心。

例如「獲得很高的社會地位，擁有人人稱羨的公司、房子或名人朋友，盡情享受他人的阿諛奉承」，這個理想裡只有自己的幸福。

我刻意用了「只有自己的幸福」來說明。

但是這個說法並不正確。你知道哪裡不正確嗎？

首先，「被他人阿諛奉承」單純只是優越感，並不是幸福。如果有人懷疑「優越感不就是幸福嗎？」表示那個人的抽象度太低，以至於對「幸福」沒有正確的理解。

而且，就某個意義來說，「只有自己的幸福」這句話聽起來前後矛盾。你知道矛盾的點在哪裡嗎？

我猜應該也有一些讀者有對「幸福」有錯誤的理解，不懂「只有自己的幸福」這句話的矛盾之處。因此，我想先稍微說明一下「幸福」這個概念。

因為思考目標就等於思考「幸福」，思考幸福就等於思考目標。

◎吃到好吃的東西不是「幸福」？

我們用對你而言的「幸福」作為線索來想想看。你會在做什麼的時候覺得「好幸福」呢？請你準備一個答案。

每個人的答案應該都不一樣吧？

「我的興趣是到處吃，吃到好吃的東西會有幸福的感覺！」

「我愛上了慢跑，下班後在公園夜跑時，我會覺得『好舒服喔！真幸福！』」

「我從出社會開始練習拳擊，散打打出好拳的那一天，我會想著『還好有繼續練習，好幸福喔！』」

這三種「幸福」真的稱得上是「幸福」嗎？

我不這麼認為，原因大致有二。

首先，如同我在〈掃除二〉的說明，「吃了美食之後覺得心滿意足」、「活動身體後感覺神清氣爽」，這些訊息在腦內都是由大腦邊緣系統的杏仁核進行處理，和猴子、猩猩的幸福程度沒有兩樣。

◎「只有自己好」的幸福並不存在

假設興趣是到處吃，吃到好吃的東西會覺得幸福的人，因為想要把好吃的店介紹給其他人，讓他們也體會這份幸福，開始在部落格上分享自己推薦的店。接著，在看過部落格之後實際造訪了那家店的人，留言告訴他「真的很好吃」，讓他覺得非常開心。我認為這種情況是「脫離猩猩的幸福，變得更靠近人類的幸福」。

原因在於，他因為想讓素昧平生的人也感受到這份幸福，花費時間和精力寫了部落格；而且「別人吃到美食覺得很開心」，成了讓他自己感到開心的事。

這份幸福不再只屬於他，而是還包含了其他的人。而且他應該會因為其他人的加入，品嚐到前所未有的幸福滋味。

興趣是慢跑，覺得「跑步」是幸福的人，雖然已經年近花甲，卻打算繼續參加馬拉松比賽，成為鼓舞同年齡層的跑者；認為「在拳擊賽打擊出好拳」是幸福的人，打算參加拳擊賽事，展現能為觀眾帶來勇氣的精采比賽。倘若這些人能因此感到幸福，代表他們的幸福已經從猩猩變得更靠近人類。因為那不再是只屬於他的幸福。因為鼓舞他人、為他人帶來勇氣成了他們的幸福。

我再說一次。

唯有讓自己以外的其他人也感受到幸福才是人類的幸福。

這才是真正的幸福，不是嗎？

我剛才說過「優越感與幸福不同」。

因為如果是「優越感」，得到快感的只有自己，這種快感不包括自己以外的其他人。

另外，我還說過「只有自己的幸福」這句話前後矛盾。我想你已經知道是哪裡矛盾了吧？**「人類的幸福」一定還包含自己以外的其他人，所以「只有自己的幸福」這句話根本不成立。**人類的幸福是「大家很幸福，所以我也很幸福」。我是這麼認為的。

◎你感受到的是「人類的幸福」嗎？

「大家很幸福，所以我也很幸福」這句話並非不切實際，我們在日常生活中經常會有這種感受。

比方說，有的人雖然喜歡自己烹飪給自己吃，但更喜歡看其他人把自己做的菜吃得津津有味。

另外，也有人很喜歡到處送禮或外出旅遊的紀念品。

能夠感受到這種喜悅而不帶雜念的人，是懂得「他人的幸福會變成自己的幸福」的人；是能感受到「人類的幸福」，而不是「猩猩的幸福」的人。

是追求自身快感的「猩猩的幸福」？還是會因為別人很幸福，所以自己也很幸福的「人類的幸福」？

其中的差別在於抽象度的高低。抽象度越高，進入視野的人數越多，例如自己→家人→朋友→團體→社會→國家→人類；思考幸福時被包含在內的他人也會增加。此外，「讓更多人幸福，自己也會變得更幸福」是這個人的幸福標準。

然而，使他人感到幸福這件事，有時也會需要自我奉獻。

自己必須為了他人扮演某種角色、產生某種作用。**不可能你什麼都沒做，別人就自己會感到幸福。**

例如喜歡看別人吃自己做的菜吃得津津有味的人，會花費時間和精力為他人下廚，這也算是一種小小的自我奉獻。

又或者是喜歡從中牽線，介紹別人互相認識，或是可以在發生衝突時居中協調，巧妙解決問題的人，這些人為了維護他人與他人之間的關係，獻出了時間、精力以及莫大的關愛。

他們即使奉獻自己也會感到無比幸福。這件事乍看相當矛盾，就好比野生的狼不會狩獵及哺育屬於其他群體的狼。**犧牲自己也會覺得幸福的就只有人類而已。**

◎犧牲自己感受到的幸福

其實，人腦具備一種即使為他人犧牲自己也會感到幸福的特殊功能。這個大腦部位是被稱為眼窩額葉皮質的地方。

人在精神奕奕地進行志工活動時，眼窩額葉皮質的活性度會往上提升。

很久之前，ＢＢＣ曾經播過一個很有意思的節目。

他們用功能性磁振造影（Functional Magnetic Resonance Imaging，簡稱ＦＭＲＩ），觀察在 Apple Store 前面排隊的人的腦部狀態。

將麥金塔電腦和平板帶到世上的蘋果公司，由於其產品的先進性及已故史蒂夫・賈伯斯（Steve Jobs）的領袖魅力加持，受到許多狂熱粉絲的熱情支持。ＢＢＣ的節目捕捉了倫敦第一家 Apple Store 開幕當時的情景。

瘋狂熱愛蘋果產品的粉絲們組成排隊人龍，倫敦 Apple Store 一號店的裝潢彷彿像一座豪華奢靡的神祕宮殿，身穿長袍的史蒂夫・賈伯斯現身店裡，興奮的「蘋果教信徒」則個個都購買了好幾樣蘋果產品。節目製作組用功能性磁振造影調查了其中一位客人的腦部。

結果，他們發現靠近眼睛後面下方的大腦部位，血流量有明顯的增加，這個地方就是眼窩額葉皮質。

「蘋果信徒」即使要付出「在長長的隊伍裡排隊，購買好幾樣蘋果產品」的犧牲，只要是為了蘋果，他們就會感到非常幸福。

奧姆真理教濫用眼窩額葉皮質的功能對信徒洗腦，使他們相信為教祖麻原彰晃犧牲自己是一種幸福。

此外也有不少黑心廠商濫用眼窩額葉皮質的功能，讓消費者購買自家產品的例子。因此，我們必須自行選擇要如何使用眼窩額葉皮質的功能。

眼窩額葉皮質該怎麼用呢？

答案是**「提高抽象度，設定能造福更多人的目標，在實現目標的過程中讓眼窩額葉皮質放電」**。

既然生而為人，就讓我們懷抱著造福更多人的目標，善用這個只有人類才有的大腦部位活下去吧！

◎找到「想做的事」的捷徑

有些人會把「不知道自己想做什麼」、「找不到可以全心投入的事」掛在嘴邊。為什麼會不知道自己想做什麼，找不到可以全心投入的事呢？

說穿了，這是「因為他們都是以自己為中心在進行思考」。

「自己想做什麼？」

「自己真正喜歡什麼？」

在所謂「自我探索」的人自問自答的世界裡，只有自己，沒有他人。

尋找「想做的事」的人，應該是追求著類似幸福的東西在找「可以全心投入的事」吧？

但就像我多次強調的一樣，人類的幸福不是只有自己的幸福，唯有使他人幸福才是自己的幸福。然而，要是在只有自己的世界裡自問「想做什麼」，怎麼可能找得到可以全心投入的事物。

說「不知道自己想做什麼」的人，我建議可以從**「自己怎麼做才能取悅他人」的角度來思考**。其實，這就是找到「想做的事」的最短捷徑。

即使是不知道自己可以為了什麼而拼命努力的人，應該也有在做了某件事之後讓別人感到開心的經驗。

舉個例子，如果你是一個「甜點男子」的話，你會為了各式各樣的人，認真嘗試親手做點心。這種讓許多人開心的行為會刺激你的眼窩額葉皮質開始放電，使你能夠對「大家的幸福就是自己的幸福」有所體會。每當你造福他人，刺激眼窩額葉皮質放電時，你的抽象度就會確實提高。

或是常聽到別人說「跟你說話可以整理思緒，真的太感謝你了」的人。

這種類型的人擅長聽人說話、整理資訊。

比方說，萬一公司同事在製作提案或報告時遇到問題，聽對方說話、整理資訊並幫忙製作文件，應該會讓對方覺得很開心吧！

他們會透過這種方式刺激眼窩額葉皮質放電，體驗幸福的感覺，搞不好還會在公司裡變成眾所公認的「資訊整理大師」或「文件製作專家」，並找到「作為該領域的專家自行創業」的人生目標。

「我正在構思新的事業計畫，卻一直找不到會成功的商業模式。」會出現這種情況，是因為你在以自己為中心的框框裡思考。在你想經營的那個領域，要怎麼做才能對他人有所貢獻呢？

或者，也可以是更貼近生活的事。

想想自己的交易對象會因為自己的什麼舉動而感到開心？

丟掉「自己想做什麼」這種自我中心的想法，提高抽象度，將念頭轉換成「怎麼做能取悅他人」，這樣應該就能看見你正在尋找的商業模式。

◎設定目標的基本條件

由此可見，名為「自我中心」的垃圾會讓人們的頭頂被烏雲壟罩。丟掉「自我中心」，我們才能找到想做的事，感受前所未有的高抽象度的幸福（人類的幸福）。捨棄「自我中心」是設定目標的先決條件。

因此，設定目標的基本是：

- **不隱藏自己的真心話。**
- **與此同時，丟掉「自我中心」。**

比方說，你不必隱藏「以後想成為有錢人，追求者如眾星拱月般圍繞在身邊」的真心話。雖然低抽象度的真心話不能被當成目標，但畢竟真心話是究極的「WANT TO」，因此可以作為促使自己開始蛻變的推進器。

假如一個人真正的理想是「變成有錢人，擁有眾多追求者」，雖然這樣說不太中聽，但他首先必須了解「自己是個極度自我中心、抽象度又非常低的人」。

「雖然我現在的抽象度超級低，但也只能從這裡出發了。」請你用如此嚴厲的目光來審視自己。

然後把真正的「WANT TO」當作出發的推進器，使抽象度往上提升。以真心話為出發點就好，但必須由此提高抽象度。若是「想變成有錢人，擁有眾多追求者」的話，就要想出一個能夠在滿足這個真心話的同時造福更多人的目標。

我舉幾個例子。假如你想設定一個活用食品公司經歷的目標，可以想到「成立一家開發及販售完全不使用食品添加物，以日式和食為基礎的即食食品公司，以前所未有的創新風格，將日本食物的美好帶到全世界，並免費向為飢餓所苦的貧困國家提供自家產品」。

或者，如果你想設定一個發揮汽車製造廠經驗的目標，可以想到「創立一間開發及販賣究極環保車的公司，即使是製造過程也不會對環境造成污染，到開發中國家興建工廠、增加雇員，為保護地球環境和消滅貧窮做出貢獻」。

在這裡，初次接觸我的作品的讀者，也許會覺得「這個目標的規模太龐大，我根本不可能辦得到啊！」不過，

●目標務必要設定在現狀的外側。

這也是設定目標的重要條件。

◎別被自我啟發的慣用說詞給騙了

很多應該會認為「目標」是像桌遊的終點一樣，位於目前生活或工作的延長線上吧？而在各種自我啟發的書籍或講座上，也隨處可見「目標必須具有可實現性」的主張。

然而，我卻經常強調目標必須設定在現狀——也就是目前日常現實的外側。因為把目標設定在現狀內側即代表肯定現狀，你的現狀不會發生任何改變。

假設身為一名小員工的你，把「在公司裡出人頭地，當上社長」設為目標。從某個角度來看，這個目標或許宏偉遠大；可是就我定義的「目標」來說，這是一個不好的目標。原因在於該目標是你「理想中的現狀」。在自己就職的公司出人頭地，當上社長，在物理上並非無法實現；倒不如說，我們可以將其視為現實的理想狀態。要是這樣，你的大腦就會繼續選擇維持現狀。

假如你希望從今往後也能繼續過著和以前一樣的人生，應該可以對設定在現狀內側的目標感到心滿意足。

不過，倘若你想清腦袋裡至今累積的垃圾，用乾淨清爽、煥然一新的自己活下去的話，**就必須把目標設定在現狀的外側。**因為這麼做會使體內恆定朝著目標作用，**舒適圈也會隨之移動**。

萬一你把當上現在這家公司的社長當成目標，你的體內恆定會維持不變，舒適圈也不會從「在目前的職場邊煩惱邊忍耐的自己」這個現狀移動半步。因此，你的生活也好、人生也好，都不會出現任何變化。

所以說，自我啟發一般常說的「目標必須具有可實現性」是錯誤而危險的。

因為要是設定一個位於現狀內側，就可能性來說有機會實現的目標，維持現狀的體內恆定便會發揮作用，將你囚禁在現狀之內。

◎心理盲點消失的快感

在另一方面，把目標設定在現狀外側會發生什麼事呢？大腦的奇妙功能會引發非常有趣的現象。

假設如今是個普通上班族的你，曾經夢想「成為代表日本的演員」，因為想再次挑戰追夢，把「成為代表日本的演員，為觀眾帶來勇氣和活力」設為目標。在這種情況下，你應該會想像自己在電影的拍攝現場演出愛情戲或動作戲吧？

當想像「作為一名演員發光發熱」的臨場感增強時，就會與「當個忍氣吞聲的小員工」的物理現實世界產生落差。這在現代認知科學稱為「認知失調」。「明明應該在電影拍攝現場的自己，實際上卻在公司裡敲著鍵盤。」要是你這麼想，大腦便會試圖消除認知失調。

此時，**大腦會選擇臨場感較強的一方作為「現實的自己」，舒適圈也會配合這個自己進行移動。**

意思是說，假如「作為演員發光發熱」的想像比「當個小員工」的臨場感更強烈的話，體內恆定回饋會對「作為演員的自己」產生作用，舒適圈也會朝「作為演員的自己」靠攏。

舒適圈朝目標靠攏之後，心理盲點會消失，看到的風景會截然不同，成為日本代表性演員的道路也會隨之浮現。因此，把目標設定在現狀的外側時，即使看不見通往目標的路也沒關係。**若將目標設定在現狀外側，舒適圈會往目標移動，心理盲點消失，前所未見的風景和方法便會像泡泡般接連浮現。**這著實是一種鮮明生動又令人雀躍不已的體驗。

若從新的舒適圈想像目標，臨場感會繼續增強，體內恆定會再次往目標的方向作用，舒適圈會更靠近目標，心理盲點則會消失無蹤。

把目標設定在現狀外側↓以強烈的臨場感想像新舒適圈↓體內恆定發生改變↓舒適圈朝目標移動↓心理盲點消失。只要重複這些步驟，你就能踏著穩健的步伐，邁向原以為不可能實現的目標。這在美國發展出的教練理論中人盡皆知，我的每位客戶也都有過親身經歷。在日本導入教練理論以後，我也從很多人那裡收到相同的回饋。

◎大腦的判斷基準在於臨場感

以上內容在不熟悉相關領域的讀者看來或許會覺得莫名其妙。不過，只要理解「什麼是真的（現實）」，你應該就能明白我在說什麼。

我曾經在虛擬實境領域的第一線埋首研究。

當時對「虛擬實境」（virtual reality）的定義是，假若觀眾所在的影廳座椅是物理現實，則螢幕裡的世界便是「虛擬實境」。我當時摸索著如何利用光線、聲音和影像，加強虛擬實境的臨場感，使它更貼近現實世界。

然而，強化虛擬實境的臨場感其實並不需要光線、聲音或影像。

請你想像自己正在閱讀一本小說，高潮迭起的故事內容和接二連三的動人場面，讓你不禁熱淚盈眶。

小說是沒有光線、聲音或氣味，純粹以文字資訊構成的世界。

不過，你在閱讀小說時，會陷入小說中的虛擬世界，和主角一同感動、震驚、緊張或流淚，也就是臨場感會逐漸增強。

小說的世界裡沒有聲音、光線或影像，即便如此，人類還是會「只靠小說中的文字產生臨場感」。

也就是說，就算沒有物理上的觸感、光線、聲音或氣味，只要當事人的大腦認為是真的，對那個人來說，這就是現實。

現代認知科學也定義**「現實」是「自己現在感受到臨場感的世界」**。

無論是小說、電影還是你的想像世界，只要能使人沉浸其中，並感受到臨場感，我們就能說它與現實世界別無二致。

倒不如說，當想像的臨場感很強烈時，我們便能說「物理現實是虛擬的，想像中的世界才是真實的」。

因此，如果帶著臨場感，想像達成目標所需的舒適圈，你的大腦就會把這個想像世界認定為現實，而且體內恆定回饋也會對新舒適圈的想像發揮作用。

除此之外，雖然只是一些枝微末節的小事，但我們在日常生活中，也都有過心理盲點消失的經驗。

譬如你認為某個問題相當棘手；反之，A則相信這個問題一定可以順利解決。你和A

展開了熱烈討論。雙方都不知道解決問題的方法，唯有A以成功解決為前提侃侃而談。結果，原本抱持消極想法的你也開始相信A說的話，並且在某個瞬間忽然在腦中閃現從來沒想過的解決辦法。

這是因為A的論述使你的體內恆定對「一定能解決」的想像真實性產生作用，舒適圈也隨之移動，心理盲點消失的緣故。

或者，某位朋友的臉上偶然出現了一絲陰霾。

你當時並不知道這個表情的意義，只是莫名覺得有點在意。後來，你在某次看電影時忽然開竅，變得能夠理解朋友當時的心境。我想有些人應該有過類似的經驗。這也是體內恆定對電影的臨場感產生反應，舒適圈移動，心理盲點消失，才讓你忽然了解了當時原本不懂的事。

「強烈的臨場感→體內恆定改變→舒適圈移動→心理盲點消失」，我們就這樣在日常生活中持續經歷這些過程。

只不過我們平常經歷的，都是體內恆定回饋對於像電影、小說或與他人的對話等外來臨場感的變化。**然而，為了實現目標，我們必須主動改變體內恆定的回饋方向，使其對我**

們建立的想像發揮作用。也就是有意識地介入自己大腦的認知功能。

達成這個目的的關鍵正是「臨場感」。

◎臨場感會使身體發生變化

我們的大腦會把臨場感較強的腦內假想世界當成「現實」。新舒適圈的臨場感越強，大腦越容易將其視為「現實」，讓體內恆定朝那個方向發揮作用。

若用電影或小說來說明的話，「臨場感很強烈」是指會讓人緊張到心臟狂跳、感動到涕淚縱橫。感情代入和對故事的投入程度越深，即代表臨場感越強。

當臨場感越強，體內恆定的回饋也會增強，舒適圈的移動距離和消失的心理盲點也會變多。因此，為了達成自己設定的目標，作為前提，對舒適圈的想像抱持強烈的臨場感相當重要。

我們可以用很簡單的方式感受想像的臨場感對體內恆定的影響。

以坐姿體前彎為例。

首先，請你先測試上半身可以往前彎到哪裡。你的指尖可以碰到哪？腳踝嗎？指尖觸地後還能繼續前彎嗎？請記住身體的柔軟度。

接著，請想像你的身體從骨頭到肌肉全都變成軟趴趴的橡膠，然後再做一次坐姿體前彎，這次應該會彎得比第一次更多。

因為想像的臨場感影響了體內恆定的作用，把橡皮身體想像得越逼真，效果就會越大。

聽人家說「冥想的時候，可以想像有一塊奶油，從你的頭頂開始慢慢融化」。這也是在利用臨場，使人們的身心靈獲得放鬆。

◎強化臨場感的未來記憶

也許有的讀者會想：「就算你說強化想像新舒適圈的臨場感很重要，但要把目標設定在現實外側的話，實際上應該很難辦到吧？」然而，目標本身不具有臨場感也沒關係。因為被設定在現實外側的目標藏在心理盲點，沒有臨場感也是理所當然的。應該強化臨場感的，只有為達成目標所需的新舒適圈。

另一個有效的方法則是利用「記憶」。結合自己過去的記憶，在新舒適圈的想像世界創造新的記憶。

比方說，假如你在目標的世界裡，是一個「穿梭在世界各國，到處做生意的大老闆」的話，你需要結合自己過去接觸過的人、看過的電視或電影等記憶，在對新舒適圈的想像裡創造出全新的記憶，並用彷彿身歷其境般的強烈臨場感沉浸其中、全心體會。你在哪裡？遇到哪些人？說了哪些話？對方露出怎樣的表情？融合過去的記憶，鉅細靡遺地描繪「達成目標的舒適圈」的想像世界。

與此同時，將自己在昔日記憶中的情緒複製到對新舒適圈的想像裡。回憶自己以前成功時的興奮和感動，一邊品嚐這些情緒的滋味，一邊想像新舒適圈。

舉個例子，要是你在畢業後剛出社會開始工作的那段期間，對任何事情都覺得很新鮮，整個人充滿幹勁，請你回想當時興奮高昂的情緒，並與「當上大老闆功成名就」這個新舒適圈的自我印象疊在一起。

將過去成功時的情感複製到對新舒適圈的想像，並仔細重複這個行為，我們便會無意識對自己植入「全新的現在記憶」。**「全新的現在記憶」越鮮明，對新舒適圈的想像臨場感就越強烈。**而體內恆定回饋也會朝著實現目標的方向，對新舒適圈發揮作用，讓自己變成與想像相符的模樣。

好比即使是原本不擅長和陌生人見面的人，也會因為創造了「穿梭世界各國的大老闆」這個「全新的現在記憶」，腳步自然變得輕盈，人際網路也變得更加闊。而且不會在用「HAVE TO」的感覺逼自己努力，而是用「WANT TO」的感覺開開心心地和別人見面。

只要帶著臨場感想像新舒適圈，實現目標所需的一切都會變成「WANT TO」，讓你不需努力也能接近目標。這就是正向體內恆定的厲害之處。

◎讓「夢想擁護者」變多的方法

除此之外，對新舒適圈的想像臨場感增強後，改變的不只有你自己，**周遭其他人的體內恆定也會對你的臨場感產生反應，化身為支持你的「夢想擁護者」(dream supporter)。**

「我想辭職自己創業，但太太不能理解我的想法。每次提起這件事都會遭到她的強烈反對，最後吵得不可開交。」

有這種煩惱的人，你對新舒適圈的想像臨場感還不夠強烈。倘若你心中已經有足夠強烈的臨場感，太太和身邊的人應該都會對你的臨場感產生同步，體內恆定朝新舒適圈發揮作用，並且支持你的想法。

想追夢卻遭到周圍強烈反對的人，內心對於新舒適圈的想像臨場感還很微弱，所以就算現在直接挑戰，成功的可能性也微乎其微。

如果當事人內心的臨場感真的很強烈，不但來自周圍那些「夢想終結者」的雜音會慢慢減少，甚至還會轉而支持他的決定。身邊其他人對你的反應是衡量臨場感是否足夠強烈的指標之一。**因為對新舒適圈的想像臨場感越是強烈，夢想擁護者就一定會越來越多。**

◎心懷目標，垃圾就會自動消失

倘若你對新舒適圈的想像臨場感夠強烈的話，自然會把對目標沒必要的事物丟掉，只選擇有必要的。

不論是躁動的情緒、他人的標準、過去的自己、負面的自我印象或「HAVE TO」的讀書或工作，對達成目標毫無意義的這些「腦內垃圾」，都自然會因為體內恆定的作用而遭到排除。

而且，只要是對達成目標有意義的事，無論再難，你依然會主動挑戰跨越它。對目標有意義的一切都會變成「WANT TO」。

為了丟掉腦袋裡的垃圾，最重要的是**「逐步強化現狀外側目標，靠攏新舒適圈而產生臨場感」**。想要實踐〈掃除一〉到〈掃除五〉，〈掃除六〉介紹的「設定目標」至關重要。

只要擁有發自內心渴望的目標，腦袋裡的垃圾就會少去一大半。

✕

三個煩惱的答案

丟掉「自我中心」，達成高抽象度的目標，並帶著臨場感對新的舒適圈進行想像。

◎

掃除六的重點

- 設定目標的基本條件：
- 不隱藏真心話
- 捨棄自我中心
- 將目標設定在現狀外側

- 重複「設定目標→用強烈的臨場感對新舒適圈進行想像→體內恆定改變→選擇新舒適圈取代目前的舒適圈→心理盲點消失」的循環。
- 對新舒適圈的想像臨場感越高，「夢想擁護者」就會越來越多。
- 只要擁有發自內心渴望的目標，腦袋裡大部分的垃圾都會自動消失。

我好怕失敗⋯⋯
丟掉「恐懼」

”

處理客訴讓我備感挫折，每次接到客訴電話都會冷汗直流……

我真的好怕向客人賠罪。

我想辭職，但是又覺得辭了會活不下去。反正我這輩子就是只能一直抱著公司的大腿吧！

我想變強，擁有一顆面對各種挑戰都永不放棄的心。

你應該捨棄的最後一個、
在現代社會最沒意義的「垃圾」是……？

◎名為「恐懼」的「夢想終結者」

在武術的競技場上，面對敵人（或被敵人包圍）卻嚇到無法動彈的一方必敗無疑。在那個非生即死的戰鬥屢見不鮮的時代，「不論置身何種狀況都無所畏懼」是致勝保命的必要條件。

當對戰雙方同時都擁有瞬間置對方於死地的能力時，害怕的一方會斷送性命。

各位有看過「劍豪」宮本武藏的肖像畫嗎？

雙手持劍而立的武藏，明明身體的各個部位都沒有出力、完全放鬆，渾身卻散發著一股驚人氣勢。可以看出即使面臨生死攸關的決鬥，他依然心如止水，毫無畏懼。

而在現代日本，能否克服恐懼也會影響一個人能不能夠實現目標。

有些人原本就有高度的自我效能和自我肯定，對自己有一定的信心，做事不拖泥帶水，而且也很有行動力。這種類型的人一旦判斷現在的工作對自己的目標沒有意義，應該會果斷提出辭呈，踏上追夢之路吧！

而在另一方面，有些人則凡事都小心翼翼、步步為營。

他們是要在設想各種風險，將其澈底排除，規畫好通往目標的明確路線之後，才會開始行動的謹慎派。

對這種人來說，就算告訴他們「看不到目標也沒關係，只要能用強烈的臨場感想像新舒適圈，體內恆定便會發揮作用，讓你看見實現目標的道路」，他們還是會覺得很不安，表示「因為現在就是看不到……」

可是，就像我在上個章節強調過的一樣，能夠規畫出通往目標的明確路線，代表那個目標位於現狀的延長線上。

這種目標不能讓你改變自己。**唯有試圖朝著現狀外側的目標邁開步伐，體內恆定回饋才會發生變化，你的未來才會有所不同**。所以說，太過謹慎的人是沒辦法走到現狀外側的。

儘管如此，由於人們一般誤將「要在一開始建立實現目標的明確計畫」以訛傳訛，第一次接觸到真正的教練理論──「沒必要在一開始就看到實現目標的道路，看得到的話就不能算是『目標』了」的讀者，對於在看不到未來的情況下辭職或換工作，也許還是會感到不安和恐懼。

不安和恐懼。

它們是將人們囚禁在現狀、扼殺其可能性、肉眼看不見的「夢想終結者」。在這個步驟，我們要思考脫離恐懼。

◎為了什麼而工作？

「人工作是為了什麼？」

我想大部分的人應該都有問過自己這個問題。你的答案是什麼？

你是為了什麼而工作的呢？

「因為喜歡現在的工作。」

「因為工作很開心。」

能夠說出這種答案的人，大概不會翻開這本書吧！

我想各位讀者的答案應該會更令人煩躁才對。

「我不知道自己為什麼要工作，只是因為不能不工作，所以才工作的。」

為什麼不能不工作呢？

「因為我必須養家啊！」

那麼，如果單身，沒有必須照顧的人，你就不工作了嗎？

「還是要啊。因為不工作不就活不下去了嗎？」

多數讀者的答案應該都會停在這裡吧？換言之，

「為了活下去而工作。」

「為了活下去，不想做的事也得做。」

「為了活下去，討厭的工作也要忍著做。」

雖然不喜歡現在的工作，但是因為辭職就沒有收入，會活不下去，所以才繼續在這間公司上班……

也就是說，「為了活下去」是和工作有關的煩惱發生的源頭。**只要停止「為了活下去而工作」，這些煩惱就會一掃而空。**

「你說的我都懂啊！可是不工作不是會活不下去嗎？所以我才要為了活下去而繼續工作啊！」

哎呀呀，你卡在迴圈裡出不來了呢！

既然如此，所謂的「活不下去」是什麼意思呢？

「所以說，就是會沒有收入、付不起房租、買不起食物……」

你是說，會「餓死」嗎？

「不就是這個意思嗎？」

真是如此嗎？

絕大多數的上班族應該有過這種想法：

「好想辭職喔！但是又覺得辭了會活不下去。反正我這輩子就是只能一直抱著公司的大腿吧……」

可是，你真的有必要害怕會「活不下去」嗎？

◎別受制於不存在的恐懼

看來「活不下去」似乎對很多人來說都是非常強烈的恐懼。許多人都被死死困在「不工作就活不下去，所以要為了活下而工作」的迴圈裡。

就某種意義來說，對「活不下去」的恐懼可說是貫穿了整個人類歷史的「灌輸」。

儘管類人猿進化成人類的時間點眾說紛紜，但我們先認定人類的誕生發生在六百萬年前，開始農耕則是在一萬年前。開始農耕以後，人類可以在某種程度上穩定獲取糧食，但若是從整段人類歷史來看，這是最近才發生的事。**在六百萬年的歷史當中，絕大部分的時間，人類都在與對飢餓的恐懼共存。**

這種對飢餓的恐懼被刻畫在大腦邊緣系統的杏仁核。

我在〈掃除二〉也有說過，杏仁核主要負責處裡跟維持生命有關的資訊。在人類開始農耕以前，對飢餓的恐懼就如同日常，而飢餓很快就會連結到死亡。因此，作為維持生命的策略，大腦把對飢餓的恐懼深深刻畫在杏仁核裡。

即使到了現代，只要想像「失業」，就會喚醒被刻畫在杏仁核裡，貫穿人類歷史的「對飢餓的恐懼」。

然而，現代日本並沒有農耕時代前的那種每天都要與飢餓為伍的恐懼。僅僅是因為失業就像數百萬年前的人類一樣馬上餓死，這種可能性至少在日本是不存在的。

◎濫用恐懼的人們

人類很容易被恐懼支配。恐懼是控制他人強而有力的工具。也有些人會為了一己之私，利用他人對飢餓的恐懼。

面對以「有其他想做的事」為由提出辭呈的年輕員工，有些會遇到麻煩的主管利用「這樣你要怎麼活下去？變成流浪漢也沒關係嗎？」等惡質的說詞進行勸說。

對孩子有強烈控制欲的父母親，在聽到自己的孩子說想要辭掉得來不易的工作時，應該也會用一樣的話來威脅他。

國家藉由煽動民眾對老後生活的擔憂來徵收年金也是同樣的道理。

◎丟掉對「活不下去」的恐懼

若要論現代日本是否真有餓死的恐懼，答案明顯是否定的。只要仔細想想就知道，在現代日本根本沒必要害怕會「餓死」或「活不下去」。

舉例來說，你為了實現目標辭職創業，卻因為獲利不如預期，最後收掉了公司……你會因此馬上就「活不下去」，也就是「餓死」嗎？不會吧？收掉公司以後，要是沒有可以雇用自己的人脈，只要去便利商店之類的地方打工就好了。

雖然沒辦法吃香喝辣，但打工也可以維持生活。

只要從這裡開始再認真思考、認真行動，朝著目標重新出發就行。

萬一因為疾病等因素無法工作，我們還有生活保護制度。

儘管也有地方政府為了壓低年度支出，駁回生活保護的申請，導致人們不易領取給付的情況發生，但假如真的有需要的話，只要跟能夠協助民眾申請給付的非營利組織商量就可以了。

有些人應該會想說：「就算你這麼說，『孤獨死』和『餓死』實際上還是天天在發生啊！」然而這些絕大多數都是不知道有協助申請生活保護的非營利組織、沒有人可以商量，也就是不知道該如何獲取資訊的案例。

因此，只要有可以商量的親朋好友，或是有能力取得所需資訊，在現代日本就沒有會「活不下去」＝「餓死」的危險性。

也就是說，**「辭職會活不下去」是騙人的，我們沒必要「為了活下去而工作」**。我希望本書的讀者工作不是為了「活下去」，而是為了打從心底渴望的目標，為了造福更多的人而工作。

◎「失敗」並不存在

即使說到這個地步，還是有人明明有真正想做的事，卻不敢貿然辭職或換工作。除了「活不下去」之外，他們內心一定還有「失敗了會很丟臉」、「不想讓家人過得很悲慘」等其他恐懼。

「要是考到證照之後還是找不到工作怎麼辦？」、「萬一創業不順利怎麼辦？」、「我不想讓身邊的人覺得我『走錯路了』。」因為這些恐懼，他們選擇維持現狀。

為了這些人，請讓我再強調一次〈掃除三〉講過的內容。

對相信自己的未來會無限美好的人來說，無論是過去的自己，還是現在遭遇困境的自己，都會是美好的。就算失敗了，只要不屈不撓繼續朝著目標前進，將來達成目標時，回首過去，你便能告訴自己：「因為有當時的失敗，所以才有現在的成功。」

成功人士的人生就是這麼回事。

從美好的未來回過頭看，「失敗」並不存在。

為了美好的未來，我們所遭遇的一切都是必要的。

因此，我們不必害怕失敗。

「為了美好的未來，無論什麼樣的挑戰都樂於面對。」能夠這麼想的人才有能力實現目標。

◎別把「活不下去」掛在嘴邊

我們必須銘記如何正確選用詞彙。

「辭職後你活得下去嗎？」、「沒工作會活不下去喔！」雖然我們經常把這些話掛在嘴邊，但因為用的是「活不下去」這種說法，我們才會聯想到自己變成流浪漢或餓死的樣子，喚醒被刻畫在杏仁核的「對飢餓的恐懼」。

這時，正確的說法不應該是「活不下去」，而是「收入可能會暫時減少」才對。我們不會一辭掉現在的工作就馬上「活不下去」＝「餓死」，實際上只不過是「收入可能會暫時減少」罷了。

「做事業」本來收入就會無止盡地上下浮動。

因此，若要辭職創業，追求目標，途中的收入當然會有增有減。

你上班的公司每個月的獲利不盡相同，只是因為月薪是固定的，你收到的錢沒有變，你和你的家人也對此習以為常了而已。

要是家人或身邊的其他人用「會活不下去」反對你辭職或換工作的話，你只要這樣回答就行了：

「不是會活不下去，只是收入可能會暫時減少而已啦！」

◎辭職後的事，等辭了之後再認真想

有些原本在公司上班的人還能在離職後的一定期間適用雇用保險，符合條件就能領取雇用保險金一段時間。在離職後的準備期間，只要暫時領保險金度日，並認真朝著目標出發就可以了。

實不相瞞，我自己也曾經在失業期間到「Hello Work」（正式名稱為「公共職業安定所」，是日本政府成立的就業服務機構）領取雇用保險金。那是在我辭去 JustSystems 基礎研究所所長之後的事。

面對想辭職的人，大多數人會建議他：「先仔細想好辭職後的出路再辭。」

但是我反對這種想法。

因為在心理盲點的原理當中，在現狀內側的人看不到現狀外側的世界。留在公司想到的辭職出路，到底還是在「上班」這個現狀的延長線上。

辭職會使體內恆定改變、使心理盲點消失、使看到的風景截然不同，這樣你才能看到在那之後的路。

可是，要是在辭職前就先決定好出路，就算好不容易辭職，體內恆定依然會對在「辭職前的現狀」的延長線上所描繪的未來產生反應。

也就是說，雖然你辭掉了工作，體內恆定還是會朝著維持以前「在公司上班」的現狀發揮作用，這樣辭職就沒意義。

因此，對想要辭職的人，我的建議是：

「辭職後的事情等辭了之後再認真思考、認真行動。」

當然，我在離開 JustSystems 的時候，也是什麼都沒決定好就直接辭職。

◎辭職的兩種方法

「我好想辭職喔！可是又覺得辭了會活不下去……」

有這種想法的人，你們有兩種方法。

一種是廢話少說，辭就對了！果斷辭職後，舒適圈會移動，心理盲點會消失，呈現出全新的風景。**只要在這片萬象更新的風景當中，認真思考未來並付諸行動就可以了。**

說自己沒辦法想辭就辭的人，請重新讀一遍本書〈掃除四〉，按照書上的內容行動。

倘若你有想辭職去完成的事，有以自己為出發點選擇的人生目標，請按照〈掃除六〉的說明強化臨場感，描繪你對新舒適圈的想像。隨著對新舒適圈的想像臨場感越來越強烈，「辭職會活不下去」這種低水準的自我印象會漸漸消失，而對「活不下去」的恐懼也會蕩然無存。

自我印象低的人非常容易被恐懼支配。

他們的舒適圈是「對恐懼感手足無措的窩囊的自己」。

可是，「朝著打從心底渴望的目標前進的自己」不該如此窩囊，而是追尋目標，克服

恐懼，跨越重重難關的自己才對。請你像〈掃除四〉的說明一樣，進行正向的自我對話，在感到害怕時告訴自己「這不像你」，並在提升自我印象的同時，以強烈的臨場感想像朝目標邁進的那個堅強的自己。

若對新舒適圈的想像臨場感增強，不再擔心「會活不下去」的話，就證明你的舒適圈已經移動到更靠近目標的地方。這樣即使果斷辭掉工作也不會變得六神無主，而是能順其自然地朝目標邁進。

◎消除恐懼的規則

到這裡為止，我解釋了在現代日本不必對餓死感到恐懼。但若從根本來說的話，不光是餓死的恐懼，「恐懼」這個情感本身就是不必要的。

在人類居住在荒野叢林的時代，為了察覺大型野獸的襲擊、危機、保護生命安全，人們需要「恐懼」。另外，在部族或聚落之間衝突不斷的時代，「恐懼」的情感也有助於預防危險的發生。

不過，我再重複一次，在現代日本，除非是被捲入交通事故或隨機傷人等偶發事件，否則日常生活並沒有任何危險。我們已經不需要在生活中與「恐懼」為伍。

但實際上，人們依舊會在日常生活中害怕著什麼並為此煩憂。恐懼擾亂了我們的思考、降低了我們的生產力，讓我們無法專心工作。

比方說，

「處理客訴讓我備感挫折，我真的好怕去向客人賠罪。」

有些人應該每天都為此鬱鬱寡歡吧！除此之外，還有「害怕易怒的上司」、「害怕提出無理要求的客戶」等等，「恐懼」這種情感在多數人的腦內垃圾當中占有一定的比例。

會被恐懼打亂思緒，無法保持腦袋清醒的人，請你們用「我什麼都不怕」來提高自我印象，**並要求自己遵守這兩個規則。**

「把所有的情緒當成娛樂。」

「只允許自己擁有對目標有意義的情緒。」

照著這些規則來做，「恐懼」的情感將不復存在。生活在現代的你不需要「恐懼」；你不需要的東西，只要下定決心就能將其澈底抹消。

即使如此，依舊覺得「自己內向膽小又容易受驚嚇」，難以消除恐懼的人，你們需要按照接下來要介紹的方法，仔細研究自己感受到的恐懼。

◎有時間感到害怕，倒不如採取行動

「恐懼」有兩種，一種是「理所當然的恐懼」，另一種是「毫無意義的恐懼」。

「理所當然的恐懼」是指晚上走在外面遭到陌生人攻擊的恐懼。在這種情況下，由於生命安全受到威脅，當然會感到害怕；也正因為害怕，我們才能試圖迴避危險。這種恐懼理所當然，可說是為了保護自己而必須存有的恐懼。

另一方面，「毫無意義的恐懼」則是指前述「害怕客人打來的客訴電話」、「害怕去向客人賠罪」這類的恐懼。

就算有人說他「害怕客人打來的客訴電話」，他能做的，也只有在電話打來時，盡可能做出適當的應對；「害怕去向客人賠罪」的人，也只能在現場盡可能以適當的方式向客人致歉。

因此，在電話沒有打來或不用去賠罪的時候，即使害怕客人也沒有意義。你在這段時間應該做的，是停止整天為了無意義的事情提心吊膽，並設法減少客訴本身的數量。

籠罩在現代人腦中的恐懼，有99%是害怕「如果不順利怎麼辦」、「如果被罵該怎麼辦」這種「毫無意義的恐懼」。

消除這種恐懼的方法很單純。

那就是停止害怕沒意義的事，為根除恐懼的成因採取行動，把該做的事情都做好之後，剩下的只是靜待結果，假如最後的結果還是「被罵」，屆時再做出適當的處理。

換句話說，不要隨著恐懼起舞，而是為根除恐懼的成因驅使自己的頭腦和身體——這就是消除「毫無意義的恐懼」的方法。

提升自我印象，要求自己遵守這兩個規則。

「把所有的情緒當成娛樂。」

「只允許自己擁有對目標有意義的情緒。」

假如這樣還是會產生「毫無意義的恐懼」的話，就驅使自己的頭腦和身體，根除恐懼的成因。

只要重複這些步驟，你就能聽懂我說的「恐懼在現代社會毫無必要」是什麼意思。而當你聽懂的瞬間，你一定就已經變成了一個無論面對何種挑戰都不會輕言放棄的強者。

✕ 三個煩惱的答案

理解「恐懼在現代社會毫無必要」。
如果還是覺得害怕，請為了根除恐懼的成因採取行動。
如此一來，你所看見的景色會變得截然不同。

◎ 掃除七的重點

- 害怕「活不下去」沒有意義，也不必「為了活下去而工作」。
- 不要先計畫再辭職。辭職之後的出路，不辭是看不到的。
- 99%的恐懼是「毫無意義的恐懼」。有時間害怕，還不如行動。
- 恐懼在現代社會毫無必要。

掃除八

丟掉「邏輯的桎梏」，獲得「靈感腦」

想事情想到一半會腦袋打結，害我越來越討厭思考。我的腦筋可能不太好……

好想知道被稱為「天才」的人腦袋裡是什麼樣子。

希望我能夠想出別人想不到的好點子。

「靈感」會出現在超越邏輯的地方。

◎天才會從A跳到D

有一部以隱形人為主題的電影叫作《透明人》（Hollow Man，二〇〇〇年上映，美國），主角是一位天才研究員，他對自己進行實驗，變成了透明人，卻在要把身體變回不透明時遇到問題，無法復原。

主角的同事在嘗試各種讓他恢復原狀的方法並逐一除錯時，語帶自嘲地說：

「我還卡在B和C，但他（主角）卻可以從A跳到D。」

同事為了找出答案（D），循著A→B→C的邏輯思考，在B和C的地方卡關。

而另一方面，天才主角卻能夠從A一口氣跳到D。

換言之，同事的這句台詞暗示了「有邏輯地按照A→B→C的順序思考是想不出答案的。」

「從A一口氣跳到D。」

這就是藏在聰明人思考法中的祕密，也是創造天才靈感的祕訣。

有答案的問題，想通只要一瞬間。

不論是一秒得出答案，還是想了十個或一百個小時，答案都一樣。真正聰明的人只要一秒就能想通，其他人卻要經歷幾百個小時的腦力激盪。

那麼，究竟是什麼造成了一秒和幾百個小時之間的差別呢？**為了實現現狀外側的目標打造「靈感腦」的方法**正是這個步驟的討論主題。

◎言語的極限

為什麼有邏輯地照A→B→C的順序思考，會在B和C的地方卡關呢？

我們從這裡開始想想看。

試圖想出答案時，很多人習慣循序漸進式的思考，然後在照著A→B→C的順序思考時，卡在B或C的地方。

譬如「我覺得X很好，但是部長說Y比較好。部長認為Y比較好的原因假設是Z，但Z和Y卻互相矛盾，這下該怎麼辦才好？」

可見思考某件事情時，不管有沒有自覺，我們都是用言語在進行思考。

所謂的言語是指「我的／名字是／苫米地英人／出生於／東京都」，像這樣藉由依序串聯文字或詞彙來傳遞訊息。

而言語思考也同樣會井然有序地直線展開，例如：

「今天晚上要吃什麼？↓中午吃了豚骨拉麵。↓那晚上吃清淡一點的東西好了。」

綜上所述，人類在思考時會使用言語這種依序直線展開的工具，而且思考的內容也有照著A↓B↓C的順序直線展開的傾向（「直線展開」和字面上的意思一樣，是指像一條直線一樣筆直向前，不會同時有好幾條線纏在一起或並行前進的情況）。

然而，現實中的事情並不會循序漸進地直線展開。

一件事情中的多個要素會彼此糾纏，一齊推進，瞬息萬變，同時還會跟其他事情縱橫交錯，在相互作用下往前推進。

舉例來說，請你試著用言語描述「走路」的動作。

「首先，讓右腳腳底離開地面，接著把重心移到左腳，把右腳往前放。」

假設你依序如此描述。但是在現實中，為了「讓右腳腳底離開地面」，「把重心移到左腳」、「用右腳的大腿肌肉移動右腳」、「右腳膝蓋彎曲」、「腳踝彎曲」和「左腳關節彎曲」等現象會同時發生。即使只取「走路」這一個動作，我們也無法用言語正確描述。

由此可見，既然現實中的事情不會循序漸進地直線展開，用言語循序漸進地直線描述或思考事情自然也有極限。

「想事情想到一半會腦袋打結，害我越來越討厭思考……」

會發生這種情況是因為循序漸進的線性思考成了阻礙。

複數個要素和事情會糾纏在一起多重展開，想按照順序進行梳理簡直難如登天。

◎透視整體才能了解局部

循序漸進式的思考還有另一個弊端。循序漸進式的思考等於永遠把焦點放在局部。我們再以剛才的「走路」為例。

若要依序說明「走路」這個動作，我們會按照順序聚焦在每個局部行為，例如「右腳腳底離地，重心移到左腳，右腳往前，這時彎起膝蓋」等等。但實際上的「走路」卻不是這樣，身體的每個部位會牽動彼此，全身同時在動。因此，把焦點依序放在每個局部行為，並不能正確地理解或描述「走路」這個全身性的動作。

由此可知，現實中的事情不光是由局部構成整體，而是整體和局部形成一種雙向的關係，所以只依序檢視局部並不能看清整體，必須先了解整體才能了解局部。

「透視整體才能了解局部」說的是這個意思。

以「走路」來說，只看腳踝或膝蓋等各個部位的動作，並不能確定那個人是在走路還是跨出一隻腳準備投球。只看局部沒辦法了解每個動作代表的意義和意圖。

不過，要是有觀察整體，確定那個人「正在走路」，我們就會知道他的腳踝和膝蓋是「為了走路而彎曲」的。

這就是「透視整體才能了解局部」。

我再舉一個更好懂的例子。言語同樣不只是由局部構成整體，而是整體和局部形成一種雙向的關係。

譬如聽見日文的「くもが見える」（我看到kumo），我們不確定這個「くも」是「蜘蛛」還是「雲」。

但如果是說「くもが見える。向こうの山のほうに」（我看到kumo，在對面的山那邊），我們便知道對方說的是「雲」。

先了解整句話之後，才知道「くも」是指「雲」。

也就是「透視整體才能了解局部」。

然而，這件事情直到後現代主義（postmodernism）在一九八〇年代中期出現後的最近才被揭露出來。

從牛頓確立古典力學的十七世紀到一九八〇年代中期為止，「局部構成整體」的思想一直是主流，也就是所謂的「結構主義」（structuralism）思維。

由於「局部構成整體」在直到最近的大約三百年間獨占鰲頭，人們至今仍脫離不了「局部構成整體」、「依序檢視局部才能看清整體」、「只要循序漸進地探索局部就能找到答案」等思考模式。

但實際上卻並非如此。除了局部構成整體之外，整體和局部還會形成一種雙向的關係，要了解整體才能了解局部。

這種整體和局部的雙向關係稱為**「完形」**（gestalt），而藉由完形認知事物的能力則叫**「完形力」**。

◎腦袋裡有很多垃圾的人會迷失在「局部的迷宮」

為了保險起見，在此聲明，我並不是要說邏輯思考能力本身沒有必要。循序漸進、條理分明的邏輯思考能力當然有其必要，這是思考能力的基礎；此外，與他人交談時，更是不能沒有邏輯組成的能力。

只不過，真正聰明的人可以視需求使用邏輯構築力或超越邏輯範圍，他們與邏輯保持著不即不離的關係，不會被困在邏輯的框架裡。

例如在聽到缺乏邏輯性的內容時，用自己的大腦進行邏輯梳理，做出有條理的回覆；或是在按部就班地說明某件事情時，突然跳脫邏輯，拋出一句切中核心的話。

我的意思是，我們千萬不能被邏輯困住。「想事情想到一半會腦袋打結」的人，會在循序漸進的思考途中，把精力都放在「循序漸進」上，並在沿著A、B、C……的順序思考時，產生「我本來是想解決什麼問題來著？」、「我剛才在追求什麼答案？」等等的想法，彷彿掉進了一座迷宮，搞不清楚自己原本在想些什麼。

「在追求邏輯（局部）的途中，落入邏輯（局部）的迷宮裡迷失方向」，這正是蒙蔽你的思考和靈感的**腦內垃圾的真相。**

會發生這種情況是因為完形尚未形成。

真正聰明的人因為已經形成完形，即使基於需要而採取循序漸進式的思考，也不會在自己的腦袋裡迷失方向。

這是因為形成完形可以讓我們一直看見事情的全貌。探索著局部，卻也掌握著局部與整體的相互關係。**在探索局部的同時留意整體，無論是聚焦局部或俯瞰整體都能自由切換。這才是真正聰明的人。能做到這種事是因為他們已經形成完形了。**

◎聰明的人可以從局部了解整體

不過，這並不代表完形力是天才的特權。

我們每個人都會在日常生活使用完形力。譬如在爬山時，我們看到一隻不曾見過的鳥，牠的色彩奇特，有著一雙形狀特殊的翅膀，可是我們卻能清楚認出這個初次見到的生物是「鳥」，為什麼呢？

如果我們對「鳥」的概念是蒐集以前看過的鳥（也就是集合局部來構築整體），並定義「這就是鳥」的話，便無法把第一次看到的鳥認作是「鳥」。

相反地，要是定義「鳥會用翅膀飛行，有兩隻腳」（也就是先建立整體概念）的話，不會飛的鳥或長著巨大頭冠的鳥就不是「鳥」了。

換言之，我們心中對「鳥」的概念既不是將局部的每隻鳥拼湊在一起進行定義，也不是在定義「鳥」的整體概念後，套用在每隻物理上的鳥身上，而是局部的每隻鳥與整體概念形成具有雙向關係的完形。

因為形成完形，即使是初次見到的鳥，我們也會知道「那是鳥」。

形成完形之後，就算沒有取得完整資訊，光從部分資訊也能立刻知道那是什麼。了解部分資訊就能同時了解其他部分的資訊。

雖然在森林裡面沒看到鳥的身影，但只要聽到樹梢上傳來婉轉鳥鳴，就曉得林中有鳥。同樣地，在針對某個主題形成完形之後，就算是第一次聽到的談話內容，若是和該主題有關的話，便能立刻掌握其中的涵義以及對自己種不重要。

這就跟我在本章的開頭提到的電影主角一樣，是「從A一口氣跳到D」。「卡在B和C」的人會在依序探索A、B、C等局部的途中掉進迷宮，並且在迷宮裡苦思良久。

另一方面，「從A一口氣跳到D」的人因為已經形成完形，能夠從A的部分資訊直接得出D的答案，瞬間靈光乍現。這些人可以在各式各樣的領域發揮出和「聽到鳥鳴便知有鳥」一樣的能力。**像這樣強化完形力是聰明人思考法中的祕密，也是創造靈感的祕訣。**

◎現狀外側的目標要靠完形力來實現！

接下來的內容才是重點。我之所以在〈掃除七〉說別把目標設定在現狀的延長線上，而是要「設定在現狀的外側」，其實也正是因為人類具備這種完形力。

透過在「目標」與「現狀的自我」這兩個抽象度截然不同的次元中間，架起名為臨場感的橋樑，便能形成在現狀的自我所能認知的局部資訊以及目標世界（整體）之間雙向作用的完形。

兩者間的雙向作用形成一個完形，代表架好橋的狀態是你的舒適圈，意即體內恆定會對該完形產生反應。

這樣正好。一如身體的各個部位和整個身體會藉由牽動彼此來實現「走路」的動作，現在的自己（局部）和理想的自己（整體）之間的相互作用，可以頓時打造出一個巨大框架。看不到目標也沒關係，倒不如說，正是因為看不到目標，心理盲點才會在這個過程中消失不見，對目標有用的事物一一浮現，完形也會變得更加堅固，最終在不知不覺間實現了位於現狀外側、具有高抽象度的目標。

這就是實現現狀外側目標的機制。

和我們在本書前面讀到的一樣，從呱呱墜地的那一刻起，我們就不停接收到各種來自他人的洗腦；可以說，我們在「現狀的環境」與「自我」之間建立了完形，並且無意識地將其作為舒適圈活到現在。**換言之，我們每天都在強化名為「社會性洗腦狀態」的完形。**

但這樣一來，我們便無法發現自己與生俱來的無限潛力。**拜「利用了現狀外側目標的完形」所賜，我們才能不受過去、他人與個人能力的影響，盡情發揮無限的可能性。**

◎擴充完形

那麼，我們必須用什麼方法來強化完形力呢？

其實貓和狗也會使用完形力。即使飼料碗和飼料都和昨天不同，牠們也可以認出那是飼料。這是因為牠們形成了飼料的完形。可是，貓和狗並不能擴充完形。

能夠擴充完形的只有人類。人類建立了汽車的完形、紅酒的完形以及商業的完形等等，可以不斷擴充完形的種類。

要像這樣擴充完形必須**提高抽象度並增加知識**。

譬如說，形成紅酒的完形，代表只要含一口酒或聞聞酒香，就能立刻判斷出這支酒是在哪裡、哪個年代、用哪一種果實釀造而成。能夠瞬間做到這種事，是因為這個人在資訊空間的視角（抽象度）很高，且同時具備跟紅酒有關的豐富知識。

不過，假如抽象度太低或知識太少，可能「只精通用葡萄釀造的紅酒」，但對用蘋果或櫻桃釀造的紅酒就不太熟悉。

由此提高抽象度並增加知識，也許會進步成「精通葡萄和蘋果釀造的紅酒」。

倘若再更進一步提高抽象度並增加知識，則會進步到「無論是用葡萄、蘋果還是櫻桃釀造，只要跟紅酒有關便無所不知」的程度。

當抽象度往上提升時，知識也會隨之增加。因為當可見範圍逐漸擴大，接收到的資訊也會越來越多。

喜歡車的人可以光從排氣聲或車尾燈辨別車種，這是因為他們在資訊空間的視角已經提升到足以俯瞰各類車種的高度，並具備排氣聲和車尾燈的相關知識。

不過，他們並不是像「這種排氣聲是對應到這個車種」這樣，單純在幫各個不同的的局部知識進行配對。

而是「這種排氣聲我還是第一次聽到，但從所有分類來看，我想應該是這個車種」，將局部資訊的「排氣聲」與完形的整體資訊進行雙向配對。

要是人類繼續提升抽象度的話，**將可以透過結合不同完形創造出全新的完形。**

比方說，一位在鋼鐵公司上班，對鋼鐵瞭若指掌的男性，自從看到美術館展出的珠寶之後，就對貴金屬產生了興趣，開始著手進行研究，於是「鋼鐵完形」和「貴金屬完形」合而為一，形成規模更大的「金屬完形」。

這時，他的抽象度高於以往，知識也有所增長。

聰明的人會在自己心中建立各式各樣的完形，並用它們重新組合出更大的完形。

所謂**「IQ高」的人全都擁有高抽象度、豐富的知識以及巨大的完形。**

我們說聰明的人「反應很快」，這是因為他們心中有一個巨大的完形。擁有巨大的完形使他們不論接收到關於哪個領域的資訊，都能與完形中的各種資訊產生共鳴，並從對方意想不到的角度提出有趣的意見。

也就是說，完形越大，越能對微不足道的輸入做出豐富多樣的輸出。

發明熱銷商品的人在被問到是怎麼想出這個點子的時候，答案多半是「朋友一句無心的話給了我靈感」，或「偶然走近店裡看到的東西成了契機」。

這也是因為他心中已經形成了一個巨大的完形。

因為有巨大的完形，輸入的些微資訊才會與完形發生共鳴，使他們輸出震驚眾人的好點子。

以上就是在被稱為「點子王」或「暢銷商品推手」的人腦袋裡面所發生的事。

◎把矛盾也一起丟進腦中

因此，若「希望能想出別人想不到的點子」，就必須提高抽象度、增加知識、擴充完形。

而且還要事先將課題丟進腦中。

追求答案不能一味地按部就班。**「靈感」不會從邏輯裡出現。創造「靈感」的是完形。**

建立完形，事先把課題丟進腦中，偶然接收到的些微資訊便會成為契機，從完形中蹦出好點子。

譬如當你「希望能想出暢銷商品的企畫」時，其中一種方式是透過堆疊各種要素來進行思考，例如「由於趨勢走向、技術層面、成本考量和市場行銷分別為何，因此我們可以走這條路線」。

可是這種作法就算能做出在現狀的延長線上還算暢銷的商品，也想不出足以創造新潮流的驚人創意。

假如你想「發明出其他人想不到的爆紅商品」，請你把目前趨勢、技術問題、成本問題、行銷資訊和對「自己想做的商品」的想像等要素通通丟入腦中。

但此時的前提是你已經形成跟該商業領域有關且具有一定規模的完形。完形越大，偶然輸入的資訊才會與事先丟進腦中的各種資訊或課題產生共鳴，輸出出人意表的答案。

「想創造爆紅商品」在大部分的情況下，技術和成本會互相矛盾，「過去的熱銷商品」和「全新的趨勢潮流」也會矛盾。然而，世界本就充滿矛盾，走到哪裡當然都會遇到矛盾，技術和成本互相矛盾也是理所當然的事。但要是我們只關注不同要素之間的矛盾，受困其中，並試圖用合乎邏輯的方法解決矛盾的話，我們會變得目光淺短、抽象度低下，在迷宮中迷失方向。

世界理所當然充滿矛盾，所以我們要將包含矛盾在內的所有要素丟進腦中，這樣才能蹦出用意想不到的方式解決矛盾的好點子。

◎就算是為了增加知識，也應該要心懷目標

我剛才說提高抽象度和增加知識十分重要，但知識並不是你想增加就能增加的。即使以「增加知識」為目的，把大量知識塞進大腦，他們也不會成為完形的一部分。

知識**只有在對該知識感興趣的前提下汲取**才會變成完形的一部分。要是在汲取知識時不是真的有興趣，我們就沒辦法擴充完形。

大家之所以會把為了準備考試而硬塞進腦袋裡的知識忘光，是因為我們沒有帶著興趣吸收知識，讓他們成為完形的一部分。**出於興趣而汲取的知識會成為完形的一部分，能夠**

在想要拿出來的時候自由取用。這跟喜歡車的人光是聽到排氣聲，就能不假思索地想到「是某某車種」是一樣的。

而若要問我們會在什麼情況下帶著興趣汲取知識，答案是單純埋首鑽研喜歡的事物，或是「為了打從心底渴望的目標汲取知識」的時候。

漫無目的地讀書總是讀過就忘，但我們卻不會忘記對自身目標有意義的書籍，或是在讀到一半與目標產生關連的內容。

在提高抽象度、增加知識以及擴充完形上，我們在前面多次提及的**「擁有發自內心渴望的目標」依然是一大重點**。

◎形成完形的感動

你有看過以海倫・凱勒（Helen Keller）的少女時代為題材的電影《奇蹟締造者》（The Miracle Worker）嗎？眾所皆知，海倫・凱勒因為在兩歲時發了一場高燒，喪失了聽力和視力，甚至變得無法開口說話。因為聽不見、看不到也不能說話，父母對她的教育束手無策，海倫就像個野孩子一樣，做出各種旁若無人的行徑。

教導她的是以家庭教師的身分被派遣到凱勒家的安・蘇利文（Anne Sullivan）。蘇利文小時候也是弱視，她善用自己的經驗，用手指的形狀教導海倫「文字」的存在，以及每樣東西都有自己的名字。例如在海倫吃蛋糕時，抓著海倫的手指比出英文字母C、A、K、E，告訴她這是「CAKE」（蛋糕）。

就這樣，海倫學會了「KEY」（鑰匙）、「WATER」（水）等各種物品的名稱，可是她並沒有理解「每樣東西都有名字」是什麼意思。摸到鑰匙就比出K、E、Y，碰到水則比出W、A、T、E、R，她以為這只是手指遊戲的規則。

然而某一天，正當海倫和蘇利文在井邊打水時，海倫的手一碰到水，便忽然拉過蘇利文的手，在她的手心比出「WATER！WATER！」此時此刻，海倫終於了解了「每樣東西都有名字」是什麼意思；「東西與名字的關係」這個巨大的完形倏地形成了！「WATER！WATER！」的手指文字，是她因為形成完形而發出喜悅的吶喊。

接著，海倫用手拍打地面。蘇利文用充滿歡喜的聲音大喊「Ground！」一邊在海倫的手上拼字。海倫拍打幫浦。蘇利文又一面大叫「Pump！」一面拉過海倫的手比出這些字母。海倫拍打樹木、院子裡的樓梯、敲響鐘聲並擁抱父母，在海倫心中，她第一次連接上了「WATER」、「PUMP」、「TREE」、「STEP」、「BELL」這些手指文字具有意義的世界，也就是形成完形了。

海倫的世界因為形成全新的完形而瞬間豐富了起來，這個場景在電影裡也是非常感人的一幕。**原本散亂無章的資訊串聯在一起形成完形的體驗，就跟這一幕的海倫一樣伴隨著巨大的喜悅。**

引發這個奇蹟的安・蘇利文後來獲得了「Miracle Worker」（奇蹟締造者）的美名。

我們這些教練的工作，就是像這樣促使學習者發現被心理盲點藏起來的完形，幫助他們進一步建構新的完形，並且用逼真、豐富的方式感受全新的舒適圈。這也是我撰寫本書的目的。

我衷心期盼各位讀者可以朝著各自的目標前進，成為你們自己的「奇蹟締造者」。

✕ 三個煩惱的答案

丟掉「邏輯的桎梏」，
才能擴充完形。
請你成為「奇蹟締造者」。

◎ 掃除八的重點

- 想事情想到一半會腦袋打結，是因為受困於邏輯（局部），在邏輯（局部）的迷宮裡迷失方向。
- 形成完形之後，只要了解局部就能了解整體，所以不會再被困在局部走不出去。
- 人類可以透過完形力來實現「現狀外側的目標」。
- 教練會促使學習者建構完形。請成為自己的教練吧！

後記

二〇一一年三月一日的東日本大地震在日本留下了一道長長的陰影，在事發後已經過了一年三個月的現在（本書在日本出版的時間點）仍未消失。可是，我們依然可以在這片黑暗中找到光明。

一位在地震發生後不久便到災區投入志工服務的青年告訴了我這段故事。

「因為遭逢震災而住在體育館裡的一名男性，在我準備返回東京時，輕輕拍了我的肩膀，對我說了一聲『加油』。一個失去家園、工作和財產的人，用溫暖的目光對著在東京有家也有工作的我說『加油』。在災區受到鼓舞的人應該是我才對。」

我們人可以互助合作、可以彼此勉勵、可以為對方帶來勇氣、可以共同分享快樂與傷悲，只要我們每個人都不再以自己為中心……

災區至今依舊有很多人身處在水深火熱之中，但與此同時，災區以外的地方卻已經解除了緊急狀態，在地震發生後所發揮出的互助精神似乎也日漸淡薄。就這樣，有不少人的腦袋再次被個人的煩惱和利己的慾望淹沒，用煩惱折磨著自己。

然而，只為自己而活的人類無法獲得幸福；人是要為自己以外的人行動才能獲得幸福的生物。

如果你的腦袋正因為煩惱、不安或憤怒而烏雲密布，請你立刻試著用一個小小的行動取悅身邊的人。假如同事在工作上遇到困難，請你伸出援手，幫他一起解決。也可以在電車上讓位給需要的人，或是在回家時買個禮物送給家人。當你看到某個人因為自己的行動而開心不已時，腦中的烏雲一定會一掃而空。

「為了某個人行動」，這是讓你清空腦內垃圾、活出幸福人生所不可或缺的一步。

在了解為他人行動的喜悅之後，接著，請你為更多的人採取行動，設定造福更多人的目標，認真將人生奉獻給這份工作。

如今日本除了地震的打擊之外，也不乏政治迷航、經濟低迷、少子高齡化以及心理疾病增加等使情況每況愈下的話題；而大海另一端的壓迫、戰爭與飢餓也仍然看不到盡頭。不過，倘若我們每個人都知道為了某人行動的喜悅，站出來為了更多人行動的話，世界會改變，一定會改變。

你之所以會因為腦袋裡的垃圾感到心煩意亂，是因為你意識到「自己的人生有哪裡不對」、「這個世界有哪裡不對」。因為意識到「不對」，你才會覺得心煩意亂；要是滿足於現狀，應該就不會有「想讓頭腦變輕鬆」的想法了吧！

我敢說，腦袋裡亂成一團的你，想讓腦袋變輕鬆的你，現在正站在改變自己、改變世界的起點上。接下來將前往何方？決定目的地的是你自己。前往茫茫現狀的外側。前往清澈明亮的未來。希望本書對即將踏出一步的你而言，會是一個很棒的「領航員」。

苫米地英人

一九五九年生於東京。認知科學家、計算機科學家、卡內基美隆大學博士（Ph.D.）、卡內基美隆大學 CyLab 兼任院士。同時為株式會社 DOCTOR 苫米地 WORKS 代表、Cognitive Research Labs. 株式會社總監、角川春樹事務所顧問、中國南開大學客座教授、全日本氣功師會副會長、美國公益法人 The Better World Foundation 日本代表、美國教育機構 TPI International 日本代表、天台宗夏威夷分院國際部長、財團法人日本催眠術協會代表理事。

著有《情緒の解剖圖鑑：99%的問題，都出在「情緒」！》、《扭轉逆勢的「性格」解讀術》、《現代「洗腦」手冊》（光現出版）等多數著作。

苫米地英人官方網站

https://www.hidetotomabechi.com/

「Club Tomabechi」（苫米地俱樂部）官方網站（會員招募中！）

https://www.club-tomabechi.jp/

Dr. 苫米地部落格

http://www.tomabechi.jp/

Twitter

https://twitter.com/drtomabechi（@DrTomabechi）

PX2

http://www.bwfjapan.or.jp/

TPIE

http://tpii.jp

手機版官方網站

http://dr-tomabechi.jp/

Dr. 苫米地英語腦實驗室

http://www.drenglish.jp/

Original Japanese title:
「TATAMA NO GOMI」O SUTEREBA, NOU WA ISSHUN DE MEZAMERU!

Original Japanese edition published by Tokuma Shoten Publishing Co., Ltd.
Traditional Chinese translation rights arranged with Hideto Tomabechi
through The English Agency (Japan) Ltd. and LEE's Literary Agency

煩惱斷捨離

讓思慮更澄淨的腦內垃圾掃除法

出　　版／楓書坊文化出版社
地　　址／新北市板橋區信義路163巷3號10樓
郵政劃撥／19907596 楓書坊文化出版社
網　　址／www.maplebook.com.tw
電　　話／02-2957-6096
傳　　真／02-2957-6435
作　　者／苫米地英人
翻　　譯／歐兆苓
企劃編輯／周佳薇
校　　對／陳依萱
港澳經銷／泛華發行代理有限公司
定　　價／320元
出版日期／2022年4月

國家圖書館出版品預行編目資料

煩惱斷捨離：讓思慮更澄淨的腦內垃圾掃除法／苫米地英人作；歐兆苓翻譯. -- 初版. -- 新北市：楓書坊文化出版社, 2022.04　面；　公分

ISBN 978-986-377-765-6（平裝）

1. 修身

192.1　　111002352